A PESAR DE TODO

UNA HISTORIA QUE TENÍA QUE CONTAR

RICHARD GARCÍA

A PESAR DE TODO
una historia que tenía que contar

1a ed. - el autor Richard García, 2020. 203p. - 6x9

ISBN 978-1-0879-0348-4

1. Vida Cristiana. I. Título
CDD 248.5

Dirección:
Ministerio Gracia
919 S. Collins St. Arlington, TX 76010
www.ministeriogracia.org - E-mail: richard@ministeriogracia.org

Corrección y edición:
Patricia García
pgarcia@tallerdelibros.com.ar

Consuelo Prieto y Derly Romero

Diseño interior y de cubierta:
Ricardo A. Mugni
losmugni@gmail.com

Fotografía portada:
Orlando Francisco Fernández

Tirada:
5.000 ejemplares

Impreso en USA

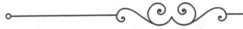

Contenido

- Créditos   03
- Agradecimientos   07
- Prólogos   09
- Qué dicen de A PESAR DE TODO   13
- Introducción   17

Parte 1 – LOS INICIOS   21
Cuando nace un niño, siempre nace una esperanza.

- **Capítulo 1** - Cómo comenzó todo   23
- **Capítulo 2** - El abandono   27
- **Capítulo 3** - Condiciones desfavorables   33
- **Capítulo 4** - Estudiar   39
- **Capítulo 5** - Fe y desarrollo personal   45
- **Capítulo 6** - Juventud y crisis   51
- **Capítulo 7** - Decisiones estratégicas   61

Parte 2 - LOS PROCESOS   67
Una parte que no podrás evitar

- **Capítulo 1** - No sirves para nada   69
- **Capítulo 2** - Violencia familiar   75
- **Capítulo 3** - Decisiones   79
- **Capítulo 4** - Soñar   83
- **Capítulo 5** - Sueños y fe   87
- **Capítulo 6** - Todo mal   91
- **Capítulo 7** - Los hijos   95

Parte 3 - EL APRENDIZAJE   101
Lecciones duras pero útiles

- **Capítulo 1** - La vida   103
- **Capítulo 2** - La familia   109
- **Capítulo 3** - Las relaciones   113
- **Capítulo 4** - Los negocios   117
- **Capítulo 5** - Los fracasos   121
- **Capítulo 6** - Los amigos   125
- **Capítulo 7** - Los cambios   131

Parte 4 - A PESAR DE TODO   139
Principios vitales para no rendirse

- **Capítulo 1** - La transformación   141
- **Capítulo 2** - Mentalidades   149
- **Capítulo 3** - El perdón   155
- **Capítulo 4** - El progreso   165
- **Capítulo 5** - Los obstáculos   171
- **Capítulo 6** - La valentía y la determinación   177
- **Capítulo 7** - La vida con propósito y de influencia   185
- **Capítulo 8** - El poder del amor   189
- **Finalmente**   201

Agradecimientos

Quiero dar gracias a todos los que constantemente me retan a llevar una palabra de ánimo y fortaleza a quienes están desanimados. A mis amigos y hermanos que con tanta paciencia me han sobrellevado e inspirado durante todos estos años.

A mi diseñador Ricardo Mugni, por el trabajo tan fino que siempre hace.

A Patricia García, por su entrega en la revisión minuciosa de este proyecto.

A mis amigas Consuelo Prieto y Derly Romero, por todas las horas que dedicaron a leer el manuscrito y enriquecer su contenido. Les amo.

A mi gran amigo Omar Herrera, por guiarme paso a paso durante este proyecto. Che, te debo la vida. Eres una gran bendición.

A mi esposa Jessica, por toda la fe que ha puesto en mí y por amarme incondicionalmente. A Mis hijos RJ, Gabe, Rey, Sophia e Isaac por ser mi gran inspiración.

Y sobre todo a mi Dios, pues sin él no sería posible.

Prólogos

Vida. Vivir. Historia de vida; si en la vida real definir la vida fuera tan sencillo como escribir estas tres palabras. Pero no es así. Lo cierto es que nacemos vivos y mientras vivimos vamos construyendo una historia. Sí, todos y cada uno, queriendo o no, vamos dándole forma a nuestra propia historia. ¿Buena? ¿Mala? ¿Inspiradora? ¿Inolvidable? ¿Olvidable? Al cabo no interesa. El punto es que es una historia, y según el entramado de sus mil experiencias será digna o no de ser contada.

Cuando conocí a Richard, agradecí a Dios que me haya permitido ingresar a su mundo, a sus historias. Junto a él pasé interminables días de oír sus testimonios, emocionarme con sus logros, dolerme con sus injusticias, sorprenderme con su temple y su espíritu de "no me quedaré quieto, no moriré en mis desgracias" y salir adelante y no llegar lejos, sino llegar a donde Dios le dijo y él ciertamente quiso.

Leer su libro me hizo bien, no solo por tener el privilegio de acceder a selectas pinceladas de su historia de vida, sino también por comprobar en persona la vida de las letras de su magna obra literaria. Estoy convencido de que no hay mejor contador de historias que el mismo que las está viviendo. Siempre que mires una casa desde el frente, obtendrás una impresión totalmente distinta a la que surgirá si ingresas y te quedas a vivir con sus habitantes un tiempo significativo.

Estoy seguro de que como sucedió conmigo, más que leer una biografía, te sentirás parte de un cúmulo de situaciones dramáticas, injustas, aleccionadoras e inspiradoras de la vida de Richard de tal modo que, al finalizar tu lectura, necesitarás saber más de su inmensa

vida. Cuántas diferentes formas de reaccionar tiene el ser humano cuando le toca pasar demasiado tiempo en las fauces oscuras de una vida que no tiene misericordia, pero que a la vez ofrece una oportunidad para graduarse de valiente. Esa impronta propia de Richard te sorprenderá letra a letra y página a página.

¿Qué hacer cuando siendo tan solo un niño la vida futura ya es una amenaza? ¿Cómo vive un sencillo niño centroamericano la soledad, el abuso, el abandono y la falta de modelos para vivir más o menos bien cuando sea grande? ¿Cómo evitar el camino que en semejantes circunstancias solo lleva a las drogas, la delincuencia, las adicciones y aun la muerte? En estas páginas tienes el testimonio y la respuesta autorizada.

El salón de clases provee de conocimientos y por cierto no son despreciables, pero la experiencia de vida y aún más cuando ésta es demasiado dura, es una inyección de sabiduría, autoridad y entusiasmo. Con toda seguridad el niño Richard no hubiera elegido el destino que le tocó en suerte. Los niños no eligen ser abandonados por sus padres, mucho menos golpeados y condenados a masticar pobreza estructural y galopante.

Hasta allí fue Richard y desde allá regresó con vida, con las lecciones aprendidas, con un testimonio impactante e inspirador. ¡Qué bueno que se decidió a dar a conocer su historia en este maravilloso libro!

A PESAR DE TODO, *una historia que tenía que contar.* ¡No podía ser más adecuado el título! Sí, es su historia, sus días, sus años, sus miedos, sus odios, sus asuntos por resolver y los otros, esos que le costaron mucho poder comprenderlos. Richard es un hombre probado, pero también y según lo comprobarás de ahora en más, es también un hombre aprobado. Él ya es dueño de su propia autoridad para mostrarnos los caminos de la esperanza.

Richard es cuidadoso en sus relatos. Es fácil "estar allí" con él. Con solo leerlo se hace inevitable ser parte de lo que está viviendo. Por eso para tantos dolores que se viven en los matrimonios y las familias, su historia es de alto valor anestésico y a la vez un viento fresco y oxigenante.

Richard es realista. Sin vergüenza y sin miedos, relata cómo logró sobrevivir. Es que decidió romper la maldición que les espera sufrir a los niños que como él fueron pobres, golpeados, abandonados y abusados. Su grandeza para reconocer sus miedos, pero también su habilidad para contar cómo se libró de ellos, hace de este libro una

obra que no puede ser ignorada. La necesidad de mirar el futuro con esperanza y el arduo trabajo para superar tanta injusticia no son poca cosa; es más, viniendo de Richard, es para aplaudir de pie.

Algunas cosas leerás en su esfuerzo de principio a fin. Primero, su nombre Richard -de Ricardo, "el rey valiente"- tiene una vida que lo honra. Esta es la historia de un valiente.

Tengo el honor de conocerlo y ser su amigo; me basta con eso para comprobar que su nombre está bien puesto. En segundo lugar, no teme presentar a su fe en Dios como el camino principal que le ayudó a cambiar su historia. Su testimonio deja en claro de modo contundente que no somos cáscaras sin contenido.

Richard me enseñó que la fe no debe injustamente ser confundida con religión -sistema humano que se place en condenar y dejar sin chances a los humanos por el solo hecho de no haber hecho bien algunas cosas-. Es un refrigerio leer que la fe en él no es "algo que usó", sino un estilo de vida.

Richard García no escribió un libro autobiográfico difícil pero esperanzador, sino que abrió una porción importante de su vida de par en par, con honestidad y mucha fe. Por eso no compraste un libro, tan solo ingresaste de su mano a la tierra donde se forman los valientes.

…Así que llegado el día en que sea aplaudido y su obra justamente sea reconocida, mantendré el escondido orgullo de ser su amigo y haber aportado con estos pensamientos a la construcción de esta hermosa historia hecha libro.

Omar Herrera
Pastor – Escritor

Qué dicen de
A PESAR DE TODO

A pesar de todo...

La historia de Richard García debe ser contada.

Habiendo experimentado el ministerio de primera mano en la República Dominicana, entiendo el contexto desde el cual Richard García comenzó su impactante ministerio.

A pesar de todo... Richard ha pasado de la pobreza a las bendiciones.

A pesar de todo... Richard salió de las calles con drogas para traer esperanza a su familia y amigos de la infancia.

A pesar de todo... Richard superó la norma de sus compañeros en la adquisición de una educación.

A pesar de todo... Richard vio más allá del barrio y más allá de las limitaciones de su vida llena de pobreza para encontrar un lugar de servicio que impactaría a las naciones.

A pesar de todo... Richard no permitió que sus errores controlaran su futuro, sino que encontró un lugar de arrepentimiento y restauración para cumplir con el llamado de su vida.

A pesar de todo... Richard no fue detenido por la derrota y la crítica, sino que se elevó por encima de él a través de su compromiso con Dios y su fundamento de fe.

A pesar de todo... Richard ha compartido de manera transparente lo bueno, lo malo y lo feo, para que muchos puedan confiar en su futuro y no permitir que su pasado los identifique, porque han echado mano a una vida victoriosa.

Tengo el privilegio de tener a Richard como mi colega en el ministerio. Igualmente importante, él es mi amigo.

He viajado con Richard, ministrado con él en muchos contextos y puedo asegurar que Richard es quien dice ser. Es un ministro apasionado del evangelio con un corazón genuino para servir.

A pesar de... sus ideas "innovadoras", de alguna manera es capaz de luchar y provocar el avance del Reino.

Lea estas páginas con una mente abierta, un corazón tierno y un oído dispuesto a escuchar la voz de Dios para ser bendecido y enriquecer su vida. Estoy contigo Richard.

Apóstol Ralph Holland
Mundo de Fe Internacional

Sin duda, la vida de Richard García -como se detalla en este libro- y su manera efectiva de contar su historia a las multitudes en muchas naciones del mundo, ha impactado positivamente en las vidas y ha llevado a la decisión de salvación de miles de creyentes. Somos testigos de la respuesta positiva que resulta cuando otros en un estilo de vida negativo son desafiados a aceptar la transformación en sus vidas como resultado de este testimonio. Esperamos que esta historia continúe impactando en las naciones.

Pastora Donna Holland
Mundo de Fe Internacional

A PESAR DE TODO es un apasionante relato de vida que deja ver las realidades propias del ser humano. Su contenido no es una historia muerta, sino que, por el contrario, es una historia de vida y para vida. Basta con adentrarse en cada capítulo para entender que, a pesar del sufrimiento y la tragedia, siempre hay esperanza para quienes, al igual que Richard García, deciden ser diferentes tomados de la mano de Dios.

Las experiencias aquí narradas, en menor o mayor grado, forman parte de la vida de todos sin distinción de clase social, raza, nacionalidad o género, y nos llevan a pensar que si alguien que vivió lo peor del mundo pudo levantarse y alcanzar sus metas, nosotros también podemos.

Este libro es una muestra de lo somos esencialmente y de las grandes cosas que podemos alcanzar, **A PESAR DE TODO.**

Consuelo Prieto PHD
Emmanuel Christian University

La vida de Richard ha sido un viaje de procesos con propósito. Es una historia real que para muchos puede ser un espejo de las circunstancias que atraviesan. Sin embargo, tiene un desenlace que trasciende e impacta generaciones y que nos deja aprendizajes y principios que fortalecerán nuestras convicciones para entender que Dios puede hacer todo de la nada, que **A PESAR DE TODO** siempre vendrá la luz de un nuevo día y Dios siempre nos dará una nueva oportunidad.

Bendigo a Richard, junto a su familia y ministerio, porque ha ofrendado su vida entera para el servicio de la obra del Señor, y está enfocando todas sus fuerzas para hacer que nuestra generación voltee su mirada al autor y consumador de nuestra fe.

Luis Morales
Miel San Marcos

Estoy muy contento de que mi amigo Richard García haya puesto en un libro su historia de una manera tan profundamente vulnerable y honesta. Estoy seguro de que la mayoría de los que lean cada capítulo, cada frase, cada palabra, sentirán cómo su vida se identifica en momentos y eventos específicos con las suyas.

A PESAR DE TODO, la historia de Richard contada a lo largo de estas páginas, es una hermosa descripción del amor, el poder y la fidelidad de Dios en las temporadas en las que él realmente es la única opción a la cual podemos recurrir.

Este libro es edificante, esclarecedor y transmite el coraje para seguir creyendo. Gracias, amigo, por compartir esta visión en **A PESAR**

DE TODO. Estoy convencido de que miles de personas serán bendecidas de una manera muy poderosa.

Josh Morales
Miel San Marcos

Al leer la historia de Richard, podemos asegurar que muchas veces la vida es injusta. Y lo es porque nadie tiene la oportunidad de escoger el contexto de nuestro nacimiento o la familia en donde crecemos. Sin embargo, siempre habrá una esperanza y oportunidad para cambiar nuestro destino. Esta historia te hará vibrar, porque **A PESAR DE TODO** tiene un ingrediente fundamental: Jesús marcó la diferencia en Richard García.

Somos honrados de conocer a Richard quien, **A PESAR DE TODO,** camina en un propósito extraordinario, y todas estas heridas han quedado atrás. Conocemos a Richard que ha hecho del dolor un aprendizaje, y ahora habla del único que ha transformado su vida. Es un hombre que ha formado una hermosa familia, pastorea una extraordinaria iglesia y con su mensaje ha dado esperanza a miles de personas.

Te invitamos a leer este gran testimonio con un corazón receptivo de creer que Jesús puede cambiar tu destino **A PESAR DE TODO.**

Ernesto y Sandra Ramírez
Pastores Iglesia Mundo de Fe CDMX

"Siempre he pensado que Dios nos habla al escuchar ó leer las historias de vidas de otras personas.

Mi amigo; Richard, a través de este libro abre vulnerablemente su corazón para que tú lo puedas leer y recibir el ánimo para continuar y algunas explicaciones que necesitas con urgencia en estos momentos. Una de las frases de este libro que me llamó la atención es: "Los procesos; una parte que no podrás evitar". Te prometo que a lo largo de este libro, no sólo escucharás la voz de Richard pero también oirás La Voz De Dios, Quién te ama y le da sentido a lo que no tiene sentido en tu vida; porque **A PESAR DE TODO,** tu vida tiene propósito en Sus Manos".

Daniel Calveti
Cantante y Compositor

Introducción

¡Vivir! No existe una palabra más significativa que esta. No importa la cultura, no interesa el idioma, ni mucho menos la geografía. En todos los ámbitos, en todos los puntos de la Tierra, la vida explota en mil matices, en mil canciones, en miles de formas en las que se presenta libre, plena y desbordante. Vivir es un milagro, es maravilloso. No lo elegimos, simplemente llegamos vivos al mundo y, de ahí en adelante, nos lanzamos a la increíble aventura de transitar la vida.

Respirar, sentir, oír, ver, gustar y tocar son las notas perfectas de la canción de la vida, nunca disonante, siempre apasionante. Así, desde una obvia pequeñez, vamos creciendo poco a poco. Maduramos, aprendemos, descubrimos y disfrutamos. Vivimos convencidos de que en nuestro mundo único todo es perfecto, inmaculado, que nada debería salir mal.

Tener que depender de otros no es un conflicto, sino una necesidad biológica irremplazable que surge desde el mismo instante en que comenzamos a ser formados dentro del vientre materno. Así somos y estamos desde el minuto cero de nuestra vida, necesitados de afecto, abrazos, cariños y de un mundo de manifestaciones que nos hagan sentir protegidos, amados y seguros. No tenemos posibilidad de ponerle nombre a esos sentimientos, solo sabemos que necesitamos de los demás. Sin siquiera saber cómo se llaman el padre, la madre o los hermanos, solo necesitamos que estén allí y lloramos para que no se vayan. Esa poderosa conexión emocional, sanguínea, espiritual y vital, seguirá vigente durante toda nuestra vida, aun cuando uno de ellos se haya ido a la eternidad. La vida solo puede entenderse y definirse a través de las relaciones.

Como niños tenemos una visión del mundo en donde no hay lugar para lo malo, la enfermedad, los conflictos psicológicos, la crisis matrimonial, la separación o el divorcio, la cuota alimenticia, el abuso, la violencia o el desamparo. Tampoco nada sabemos de fracaso y desamor, al punto que jamás imaginaríamos que alguien pudiera abandonar, odiar, abusar y hasta matar a otro. Es que todo es vida y, semejantes manifestaciones, simplemente no tienen lugar ni expresión en nuestra condición de niños. Es el maravilloso mundo frágil, limpio, irresponsable e idílico que vivimos por ser niños.

En la medida en que los niños crecen, van chocándose con realidades que no estaban en su experiencia de vida. Por ello nadie podría acusar a un niño del fracaso matrimonial de sus padres. ¡Nadie! Los hijos son solo espectadores silenciosos, víctimas impensadas y descuidadas en las batallas que los padres tienen entre ellos.

Algunas veces los hijos son objeto de los desvaríos de la personalidad, temperamento y la propia historia de vida de los adultos; así crecen necesitados de abrazos, besos, cariños, estímulos, seguridad y calor familiar que les son negados. De esta manera van ingresando a una preadolescencia que, en vez de ponerlos a jugar con amigos en la calle frente a su casa, los obliga a ser padres de sus hermanos, proveedores, consejeros de su madre y, en silencio, a dejar que otros decidan por ellos, así como quien decide llevar un perrito de mascota a su casa.

Frente a esta realidad, la vida deja de ser maravillosa. Los niños abandonados por sus padres, ofendidos, avergonzados y abusados, -junto al hecho doloroso de sus carencias económicas y la realidad de una pobreza estructural galopante-, son obligados a que, tarde o temprano, tengan que enfrentar los sentimientos generados por tales condiciones. A la primera oportunidad, el niño que crece buscará su revancha. Por eso se abrirán delante de él tres caminos.

- **Hacer con su vida lo que no debe hacer.** Poco a poco se irá sumergiendo en una vida de desvaríos y adicciones que lo ingresan al mundo de la delincuencia y, eventualmente, a la realidad de la muerte.

- **Hacer a otros lo que le hicieron a él.** De alguna manera repetirá el modelo, gústele o no, pues creerá erróneamente que no hay otra cosa que deba ocurrir. Así afectará a sus propios hijos y generaciones con el mismo dolor, con la misma herida, con la misma injusticia.

- Romper el modelo decidiendo vivir diferente. Luego de sufrir en carne propia tales experiencias, cometerá errores y producirá dolor a otros, pero reflexionará y tomará nuevas decisiones; una de ellas es renunciar a seguir repitiendo y propagando el modelo. Se lanzará entonces, un poco solo y otro poco siendo guiado por alguien que nunca falta en estos procesos, a construir otro modelo, a escribir otra historia, a darle a sus propios hijos y futuras generaciones, una influencia y una razón mayor y mejor para vivir sus propias vidas.

Este es el camino que decidió recorrer Richard García. Mucho de lo que le tocó experimentar, usted lo leerá en las próximas páginas del libro que tiene en sus manos. Este libro cuenta la historia de vida de un niño que hizo las cosas bien. Es la historia de limitaciones, injusticias, superación, fe, amor y servicio. Es un relato vivido, colmado de experiencias, testimonios y aprendizajes personales que, así como inspiran, también enseñan. Es un conjunto de argumentos que derriban el prejuicio de que un niño, sin los lazos seguros de los vínculos familiares y la desgracia económica imperante, no podría salir adelante con su vida. Aunque los lazos familiares son irremplazables y el modelaje como familia es vital, su faltante hace de la superación de Richard una historia inspiradora y apasionante.

El libro es un aliento a la emoción y al corazón que busca movilizar la fe, como potencia única para el desarrollo y la superación personal y, al mismo tiempo, un desafío a la mentalidad mediocre y conformista. Es inevitable no dar lugar a la fe en Dios en el proceso de transformación y superación de Richard. Con valentía se deja ver pateando el statu quo religioso, con la decisión cuasi desesperada de encontrar su libertad integral en Dios, cosa que cuenta y que inspira sobremanera.

A PESAR DE TODO está organizado en cuatro partes, intencional y cronológicamente subdivididas para apreciar con mayor claridad los aprendizajes. De ese modo se podrán entender con eficacia las didácticas seleccionadas y las enseñanzas ofrecidas.

Parte 1 – LOS INICIOS Cuando nace un niño, siempre nace una esperanza
Parte 2 – LOS PROCESOS Una parte que no podrás evitar
Parte 3 – EL APRENDIZAJE Lecciones duras, pero útiles
Parte 4 – A PESAR DE TODO Principios vitales para no rendirse

La vida es maravillosa, pero que sea maravillosa para mí, no depende de nadie más, sino solo de mí.

Parte 1

Los Inicios

Cuando nace un niño, siempre
nace una esperanza

Capítulo 1

Cómo comenzó todo

Nadie lo discute. Todas las historias tienen un principio y, por supuesto, también un final. Un día comienzan, otro día se acaban. Historias las hay buenas, malas, aburridas, divertidas, interesantes e inspiradoras. La verdad en todo esto es que cada historia siempre es proporcional a cómo decidió construirla quien la vivió. Precisamente por eso no deberíamos decir "qué bien que le fue", sino "qué bien hizo las cosas". Son decisiones y también son acciones. Lo que decido eso hago y lo que hago puede ser bueno o puede ser malo. Nos alegraría sobremanera que no fuera así para darnos todos los gustos: comer y no engordar, no trabajar y ganar dinero, vivir como quiera y que la historia sea buena, menospreciar y que me amen. En el fondo del corazón de todos los mortales quisiéramos que las cosas fueran así, pero ni fueron ni lo serán de semejante manera. Es solo sentido común.

Somos los constructores de nuestra vida y responsables de nuestra historia. Lo que de nosotros se diga el día de mañana, no dependerá tanto del que lo cuente, sino del que lo fue construyendo. Las historias tienen eso de los mil detalles, y no son una película emocionante, atrapante e intencionalmente producida para eso. ¡No! Las verdaderas historias son tan verdaderas que así como duelen, también enseñan; así como cuestan, también inspiran. Es el día a día, problema a problema, crisis a crisis, miseria a miseria, como pisando cada peldaño de una escalera que, así como sube, por momentos solamente baja. Así es la historia humana, así es la historia de cualquier ser humano. ¡Historia!

Era un domingo caluroso, insoportablemente caluroso, exactamente

el 20 de mayo de 1973. En Chicago se acababa de construir el edificio más alto del mundo para esos días: la imponente torre Sears. En Cabo Cañaveral Florida, la NASA lanzaba Skylab, la primera estación espacial. En Nepal, Shambu Tamang, de tan solo dieciocho años, se convirtió en el ser humano más joven en alcanzar la cumbre del imponente e invencible monte Everest. En América Latina, los golpes de estado y la militarización se sucedían y consolidaban como estrategia de gobierno y política. Por entonces promediaba el gobierno de Joaquín Balaguer en la República Dominicana; fueron doce años de privilegios y beneficios para cierto sector de la sociedad. Ese gobierno no resultó más que la continuidad de un verdadero reino de terror, iniciado con los treinta y un años de crímenes perpetrados por el tirano Rafael Leónidas Trujillo. Con estos y muchos sucesos más, nadie se daría cuenta de lo que sucedía en esa humilde casa, de un humilde barrio en la República Dominicana. Es que nadie repara en la humildad, mucho menos cuando esta se viste de pobreza. Torpezas humanas, despreciar el contenido por haber menospreciado el empaque en el que viene envuelto.

La casa era de dos niveles. No había muchos espacios para describir: alguna habitación, una cocina y un baño en el patio trasero. Allí vivía junto a sus padres y hermanas una sencilla muchacha de unos diecinueve años. Piel bronceada, cabellos lacios, rasgos finos, ojos profundamente negros, era un metro y sesenta centímetros de esbelta esperanza y sonriente amor hecho maternidad reciente. ¡Cuántos sueños masticados en silencio en su corazón y en su alma! ¡Cuántos deseos de felicidad y progreso en sus retinas y en su mente! Más aún cuando la joven traía a la vida, en esa casa inolvidable, a su segundo hijo -a quien llamaría Richard-, hijo de quien un día se convertiría en el esposo de la joven madre.

Hasta esa casa llegó la partera, mezcla de médica y sabiduría de barrio adquirida en otros tantos alumbramientos de bajo costo y alto riesgo. La fuente se rompió, el dolor aumentó y el parto fue inminente. Nació Richard García, el segundo hijo, aunque uno más de los once hermanos que tuvo por parte de su padre. Nació Richard, nació una esperanza. Y como cualquier niño, tampoco Richard sabía a dónde llegaba, ni quién lo esperaba. Lo dramáticamente importante es que nació y con él, una forma diferente de honrar la vida.

El barrio donde creció no era bueno para nada. Su gente era pobre y también maravillosa, aunque peligrosa. Por lo general, eso ocurre cuando se asocia delincuencia y pobreza. Es precisamente en esa ecuación sociocultural de la vida en donde caben las preguntas -hasta con cierto escepticismo-: ¿saldrá algo bueno de allí?, ¿sucederá allí algo digno de contar?, ¿nacerá en esas peligrosas coordenadas de la

vida alguien digno de mirar e imitar? Tantas veces, en las geografías de nuestras maltratadas tierras latinoamericanas, la respuesta será un rotundo ¡no! Pero no hay un ¡no! que dure para siempre.

Pobres y peligrosos, quizás por eso era tan común oír noticias de asesinatos de vecinos en mano de criminales o como resultado de peleas entre gente de una misma calle. La muerte, a su manera, siempre andaba pavoneándose. Hasta la misma policía acababa con un problema matando a alguno involucrado en la pelea. Ese barrio no fue el lugar soñado ni el ideal para nacer. Si hubiera sido por elección, nadie jamás hubiera elegido ese sitio para que nazca un niño, ni mucho menos un hijo.

Los amigos de esos años eran muchos. Lo triste es que, de esos amigos de la infancia, también fueron varios los que murieron y se marcharon del mundo demasiado temprano, demasiado jóvenes. Una bala perdida o malintencionada acabó con sus días, sus años, su futuro y sus sueños. ¡Demasiado jóvenes para morir! El sueño de madres y padres se vio cortado sin misericordia, para dar paso a lágrimas de desazón e impotencia y llantos por muertes injustas que parecían jamás acabar. Quizás era la forma obligada de honrar el prejuicio hecho cultura, barrio, pobreza, delincuencia, soberbia. Es que nada bueno saldría de allí, nadie bueno se levantaría, nadie digno volaría a la cumbre de sus más altos sueños. ¡Nadie! Pero en mayo de 1973 nació Richard. Y con él, nació una esperanza.

Capítulo 2

El abandono

Un principio natural y biológico es que los hijos no son abandonados por sus padres. Es antinatural que así suceda. Cualquier animal, de inmediato e instintivamente, se pone en posición de cuidar a su cría al nacer y se deshace en gestos de una maternidad ejemplar. Lo huele, lo lame, lo limpia, lo alimenta y lo defiende. Lo natural es ver las manadas caminar por las praderas, los bosques, las selvas del mundo y aun en nuestra propia casa, si tenemos mascotas. Las crías caminan, duermen y viven al amparo de quienes las han concebido. Por eso una nota cruel y despiadada es ver a un cachorro tembloroso y solitario deambular sin rumbo, porque ha sido privado de la cobertura paternal que tanto necesita. No habrá misericordia. Será cuestión de minutos para que cualquier ave de rapiña caiga sobre él o para que cualquier fiera que ande buscando víctimas abandonadas y solitarias, se haga su festín y acabe con la vida del cachorro.

Aunque la vida salvaje opera de acuerdo con protocolos distintos a los que marcan el ritmo de la vida humana, la verdad y el problema de fondo son exactamente los mismos.

La misma verdad de fondo: todos debemos nacer en el contexto de una familia que nos provea -entre otras cosas- de alimento, pertenencia, identidad, seguridad, protección, acompañamiento, formación y futuro. El mismo problema de fondo: la ausencia de la contención integral que solo puede y debe proveer la familia y que condena a sus integrantes más vulnerables, es decir a sus pequeños hijos, a ser víctimas potenciales condenadas a vivir las experiencias

más dolorosas e injustas, que marcarán el resto de sus días. La desintegración familiar trae sus consecuencias que, por lo general, deberán pagar los hijos.

El padre

Los padres del pequeño Richard no estaban formalmente casados, solo vivían juntos. Fue después de pasados seis años que contrajeron oficialmente matrimonio. De hecho, resultó para ese niño una emoción enorme estar presente en el casamiento de sus padres. Hasta ahí nada podía ser más perfecto, en la inocencia y el pensamiento del pequeño Richard, el ideal de familia había encontrado su más perfecta definición. Lo que él no sabía era que el casamiento de sus padres solo fue un trámite, quizás una exigencia que no pudo evitar lo que sería el desmoronamiento atroz de su familia en los años venideros.

Lo cierto es que ocurrió y la desgracia se apoderó de su naciente sueño familiar. Contra toda lógica, la familia de Richard no era la única. Había otra más. Su padre ahora tenía dos familias, dos mujeres de edades similares y con ambas, hijos de diferentes edades. Demasiado fuerte para un pequeño, demasiado injusto y, de acuerdo a una lógica siniestra, las cosas irían de mal en peor.

Al poco tiempo de la boda su padre decidió emigrar a los Estados Unidos, un poco escapando, otro poco buscando alguna mejor oportunidad para su maltrecha economía; no muy diferente a lo que hacen miles de personas. Sin embargo, una vez allí, un mundo de detalles desconocidos y de motivaciones indescifrables en el corazón de su padre, lo llevaron a hacer su elección. No la hizo por la familia, ni por la vida, ni por ser él una buena persona. ¡No! Se zambulló en el mundo de la delincuencia organizada, nada de delinquir ocasionalmente. El dicho popular "la oportunidad hace al ladrón", no aplicó con él. Pero no fue oportunidad, fue voluntad de ingresar a un mundo así como siniestro, también diabólico; demasiado profundo para entender sus maquinaciones, demasiado malvado para aplaudir sus actos, demasiado contradictorio como para entender sus causas y demasiado atractivo como para atrapar entre sus garras a jóvenes, viejos y padres irresponsables.

Durante quince años Richard no contó con la presencia de su padre, nada supo de él, excepto en contadas ocasiones. Pero lo que sí tuvo,

junto a esa ausencia, fue un profundo vacío. Su padre no estuvo para responder sus preguntas, para protegerlo en la hora de sus muchos miedos, darle consejos a tiempo y guiarlo en el proceso de la vida que lo condujera a convertirse en un buen hombre, un buen hijo y un buen padre.

La madre

Por otra parte, su madre debió salir adelante, experimentando un dolor extremo y masticando los resentimientos propios de saberse engañada y abandonada. Cargó con su vida y con los hijos que aún seguían con ella. El pequeño Richard continuaba ahí porque su madre estaba con él.

¿Qué lleva a alguien a hacer lo que hace? Es muy posible que la respuesta a esa pregunta sea: necesidad. La necesidad es la madre de todas las acciones, porque si tenemos alguna necesidad nos movemos para satisfacerla. Siempre necesitamos algo, por eso siempre hacemos algo para suplirlo. ¿Había para aquellos años algo que pudiera haber hecho su madre para ganarse la vida y criar a sus hijos dignamente? Sí, la respuesta es sí. No obstante, no fue ese el camino elegido. Por el contrario, ella decidió pasar sus siguientes años -y con ella su pequeño Richard-, siendo víctima de una combinación letal, de esas que van arruinando y matando la vida poco a poco.

Primero fue el trago, el alcohol, que pasó de la inocencia del vaso ocasional hasta la dependencia más destructiva en una cantina. El trago no fue todo, solo una puerta que se abrió de par en par para obtener el dinero más rápido y fácil. El camino del alcohol solo la hizo llegar a una sola dirección: la prostitución. Fue un trabajo y quizá también una venganza, una forma personal y secreta de hacerle sentir su dolor a quien fuera. Pero allí no acabó esta historia de desvaríos y ruina personal sistemáticos. Las drogas le dieron la bienvenida y se regodearon con ella como una nueva víctima, una nueva dependiente de sus formas más variadas y diabólicas. Fue así como la madre, la única que, aunque solo fuera por instinto natural, defendería a sus hijos, en ese momento no pudo defenderse a sí misma. Quien quiso la usó y la dejó una y cien veces, tal como se arroja a la basura una servilleta de papel luego de ser utilizada. La desesperación de sentirse sola, luego de la partida del último cliente, se calmaba con unos tragos y una dosis de droga muerte, cocaína o heroína.

Los abuelos

El camino de Richard se hizo injustamente cuesta arriba y debió seguir viviendo sin la presencia responsable de sus padres. Mientras tanto tuvo que cuidarse de no ser víctima de oportunistas, abusadores y delincuentes, que no dudarían un segundo en usarlo sin escrúpulos para sus fines perversos y bajos. Afortunadamente, si hay padres ausentes siempre habrá abuelos presentes. ¡Eso es lógico y también es una muy buena noticia! Ahora sí las cosas serían encausadas en la vida de Richard y también en la de sus hermanos. Todos se fueron a vivir con sus abuelos.

Los abuelos son expertos en eso de malcriar nietos y utilizar estrategias para llenarlos de mimos, momentos agradables y cuidados. Sin embargo, los abuelos de Richard eran muy diferentes. Él lo comprobó en su propia carne, al enfrentar ciertas disfunciones muy importantes y preocupantes en la relación de ellos. La abuela era una santa mujer, dueña de una carnicería muy popular en el barrio. Las mayores cualidades de su abuela eran su generosidad y su bondad. Estaba continuamente preocupada por hacer el bien a todo el que podía o a cuanto necesitado se cruzara en su camino, aun cuando no tuviera ella misma lo necesario. Ayudar fue una motivación sagrada para ella y siempre de cualquier forma lograba hacerlo. Esa era su abuela.

Su abuelo... él era otra historia. En contraste evidente al buen corazón de su esposa, él fue todo lo contrario. Casi al punto de ser un psicópata, abusaba físicamente de distintas formas y de distintas personas. Fue un niño igual a cualquiera, nacido en la calurosa nación caribeña, pero cuando debía estar en la escuela y jugando con sus amigos del barrio, fue obligado a trabajar en el matadero municipal de la ciudad. Tuvo una niñez abusada y fue forzado a hacer trabajo de adultos. Fue uno de esos niños que tantas veces debió ser parte activa en la matanza de animales. Cuando solo debería comer carne en un plato sobre su mesa familiar, ahora debía familiarizarse con los mugidos de animales que mueren y ver la sangre corriendo con total naturalidad. Demasiado pequeño era el abuelo para ver semejante espectáculo y demasiado insensatos seríamos si pensáramos que un niño, en medio de semejante escenario, no tenga problemas para vivir la vida cuando se convierta en un adulto.

Años después ingresó a la policía nacional. La vida lo encontró con una pistola y un rango de cabo, y tristemente descubrió que se le hizo fácil

descargar en otros el odio y resentimiento que siempre lo embargó. Todo lo que llevaba adentro se hizo herida sangrante y muchas veces se hizo cicatriz, el odio quedó encerrado dentro de sus cicatrices. Todos en el barrio conocían al abuelo de Richard, sabían que no tuvo remordimientos al asesinar a uno de sus mejores amigos y aún más, cuando les quitó la vida a otros por orden de sus superiores. Quizá su historia y trasfondo podrían explicar semejante comportamiento. Es que él, como muchos, venía de una familia donde el abuso era moneda corriente. Ese era su abuelo.

En ese contexto vivía Richard, huérfano de padres que aun vivían y de un abuelo cuya proximidad no era ninguna garantía. Se habían olvidado de que él existía.

Imagina, solo por un momento, cómo es vivir en esas circunstancias o cuál debería ser el camino elegido por alguien en medio de semejante forma de vida. No es el ambiente ideal, es más, eso no es un ambiente. Pero la ausencia de muchos no es igual a ausencia de todos. Consuela saber que siempre hay alguien, siempre habrá alguien. Y en la vida de Richard hubo alguien: su abuela, la que no solo cuidó de él y de sus hermanos, sino que fue la única que, en aquel tiempo a pesar de todo, creyó en ellos. También por esto Richard no pasó a engrosar la enorme lista de aquellos que, justificándose en las desgracias a las que fueron expuestos y sometidos en su niñez temprana, hicieron de sus vidas un sufrimiento y de la vida de los demás un calvario.

Capítulo 3

Condiciones desfavorables

Los 70 y los 80 fueron años determinantes en la economía dominicana. No eran días fáciles ni ideales. Promediando la década de los 80, la República Dominicana fue arrasada por la severa y dolorosa crisis económica y financiera en que se vieron sumidas la mayoría de las naciones latinoamericanas. Como parte de esa realidad, los efectos de esa crisis se sintieron dentro de sus límites de un modo contundente. Fue conocida como "la década perdida de Latinoamérica".

Aunque los análisis por lo general se hacen a otros niveles y su discusión se da en ámbitos especializados de economía y política, lo cierto es que tales crisis tienen fuerte impacto en las pequeñas economías de un país, principalmente en los hogares no del todo favorecidos. La crisis tuvo su versión dominicana.

Hacia 1975, la situación del sector agrícola y rural se unió como un condimento más, para provocar un desplome importante en el rol de la agricultura en el crecimiento de la riqueza a nivel de la Nación. Ello generó, entre otras cosas, dos fenómenos no poco importantes: la migración masiva de la población hacia los centros urbanos de mayor relevancia y la consolidación de la pobreza en la mayoría de las zonas rurales del país. Así la sociedad convivía con el dolor de una minoría enriquecida y una gran mayoría empobrecida. Es en ese contexto en que cabe preguntarnos cómo vivieron esos días la gran mayoría de las familias del país.

Si enfocáramos con el lente de una cámara a todo el país y fuéramos reduciendo el foco hasta quedarnos en una familia, veríamos cómo vive y atraviesa sus realidades cotidianas, en el marco de tan

importante crisis latinoamericana y dominicana. Una familia, que bien podría ser la de Richard. Lejos de esa realidad socio económica quedan los informes y preocupaciones de los gobiernos para evitar el trabajo infantil, que para esos días ya era un problema en el país. La Organización Internacional del Trabajo (OIT), presentó un informe acerca de la dinámica del trabajo infantil en la Republica Dominicana, que desarrolló en la Encuesta Nacional de Hogares y Propósitos Múltiples (ENHOGAR 2009-2010). Los detalles y estadísticas para el año 2010 del fenómeno de los niños que trabajan estremecen. Para la década de los 70 y 80 la realidad fue aún más cruda, conviene citar que el informe distingue tres tipos de trabajo infantil: 1. Niños y adolescentes ocupados en la producción económica. 2. Niños y adolescentes en trabajo infantil. 3. Niños y adolescentes ocupados en trabajo peligroso. Se entiende por esto último que, dada la naturaleza o condiciones de un trabajo, es probable que dañe la salud, la seguridad o la moralidad de los niños.

Como miles de niños en el mundo, Richard debió ser grande aunque todavía era un niño. La sociedad en su conjunto y la ausencia inexplicable e irresponsable de los padres, condenan a pequeños a hacer tareas de gente mayor. Lo duro del espectáculo es la normalidad con la que los adultos y la sociedad, como un todo, ven este fenómeno delante de ellos todos los días. No está bien que haya niños vagando por las calles, entrando en restaurantes pidiendo en nombre de otros, solos expuestos al peligro y explotados. No, eso no está bien.

Ese fue Richard en lo que a su experiencia le tocó. De los seis a los ocho años debió ser carpintero. Sin sobrepasar todavía la altura de la mesa de trabajo en una carpintería, debió aprender a usar herramientas y a trabajar la madera, y aun le quedaba tiempo para aprender el oficio de zapatero. Cuando debería oler olores de casa y de comida, debió convivir con clavos, sierras, martillos, suelas y pegamentos. La gran mayoría diría "qué niño más laborioso, tendrá un gran futuro por ser tan trabajador". Pero no fue por esa razón que lo hizo, a esa edad no puede aplaudirse lo que él tuvo que hacer. Estuvo allí obligado por la vida y por la ausencia paterna, que indirectamente creyó que lo que había hecho no afectaría la psiquis de esa criatura.

La carrera del pequeño Richard no se detuvo. Debió trabajar para ayudar a la abuela y quizá para forjarse una ocupación o forma de ganarse la vida el día de mañana. Amaba a su abuela -que era dueña de una carnicería- y ella no quería que el niño se quedara en casa haciendo nada. Precisamente por eso, Richard no terminó como la gran mayoría de sus amigos de esos años, que no acabaron bien

sus días y murieron antes de hacerse viejos. Las drogas cobraron sus vidas y la delincuencia en la que se sumieron les ajustó cuentas dejándolos muertos en alguna esquina perdida de algún barrio.

Richard, no obstante, -un poco ignorando cómo son los códigos del mundo de los malos y sus formas de moverse, un poco sabiendo que su abuela merecía su solidaridad y quizás un poco queriendo progresar- pasó a trabajar en la carnicería de su abuela. De alguna forma que jamás se entenderá, no solo hizo de todo allí, sino que se especializó en matar pollos que luego se ofrecían a los clientes del barrio. La demanda era mucha, por eso debía sacrificar ciento cincuenta pollos por día. Esa fue su realidad, entre los ocho y once años Richard supo matar... pollos. Pero no quedó allí su aventura laboral.

Sin dudarlo, entre los once y trece años aceptó trabajar en un taller mecánico. Entonces se movía con libertad haciendo trabajos menores, aprendiendo el digno oficio de reparar autos. Carpintero, zapatero, carnicero, matapollos y mecánico. Cualquiera diría que son trabajos que describen a una persona mayor, pero no, solo retratan a un niño que debió aprender estos oficios desde sus tiernos, inocentes y vulnerables cinco años.

Y hablando de oficios, el de mecánico pudo haber sido tranquilamente el suyo. Es que de una forma distinta a todos los trabajos que había tenido, le apasionaba el hecho de aprender un oficio que lo relacionara con otro tipo de gente, de conocer personas nuevas con nuevas realidades de vida. Ese era el caso con los clientes que llegaban al taller y, simultáneamente con eso, se dio cuenta de que era una manera simple pero efectiva de alimentar su sueño de algún día manejar su propio auto, cosa que para muchos de su condición era literalmente imposible.

En el taller conoció a Mario, un muchacho único en su clase, un bromista como pocos y eso sí, noble, muy noble. Él era quien le daba a Richard la oportunidad de tener transporte para llegar y regresar del trabajo. No podía ser de otra forma, así que se hicieron grandes amigos. La valoración de la amistad para Richard tuvo en Mario una expresión muy eficaz.

Pero la vida asestaría en Richard un nuevo golpe y esta vez con un enorme impacto. Era lunes, por alguna razón Mario no se presentó a su trabajo. Richard fue solo, esta vez Mario no había ido por él. La noticia llegó a media mañana y la verdad, así como dolió y mucho, también lo desconcertó dramáticamente. Mario acababa de sufrir un accidente y el reporte indicaba que su estado era de suma gravedad.

Unas pocas horas después murió. En un mismo día un amigo inolvidable había sido arrancado de la vida, de su vida. Una tragedia tal traería sus consecuencias, sin entender el porqué ocurren ciertas cosas, Richard se distanció de su trabajo y de lo que quizá pudo haber sido su carrera de vida.

Durante muchos años Richard no fue conocido por su nombre propio; cuando se referían a él lo llamaban "Él es el nieto de Chilin, la señora de la carnicería". Si la valía personal de Richard hubiese estada conectada con su nombre, entonces no tendría ninguna para quienes le rodeaban.

Hasta aquí, la película cotidiana de las naciones que ven a sus niños cumplir con trabajos peligrosos dice que "Richard no acabó bien". De alguna manera dura, pero real, sus días sobre la faz de la Tierra estaban acortados, antes de que él se lanzara a vivir la vida con toda intensidad.

Los informes o estadísticas muestran que un niño tan desprotegido y expuesto a los riesgos más espantosos, difícilmente triunfa o cambia su suerte. No obstante, Richard debió trabajar y lo hizo con gusto porque, contra todo pronóstico, desde niño descubrió realidades que le cambiaron la vida para siempre. Uno de sus descubrimientos fue sencillamente revolucionario: el valor del trabajo. Desde temprana edad en la carpintería de su tío Lolo, cuando fue ayudante de zapatero, mecánico o sacrificando pollos en la carnicería de su abuela Chilin, él no creyó que fuera un niño en peligro o en riesgo llevando a cabo esas actividades. Su inocencia de niño se lo impidió. Pero su espíritu de lucha y su decisión interior innata de progresar en la vida, lo hicieron un cultor del trabajo, un apasionado del desarrollo y un entusiasta del progreso.

La primera conexión y comprensión que logró con sus trabajos fue que, por medio de ellos, podía ayudar a llevar comida a la mesa de la casa de su abuela. Trabajar para comer. El trabajo posibilita que haya comida, nada más simple, nada más necesario y nada más poderoso. El trabajo que uno realiza con sacrificio, esfuerzo, transpiración y cansancio, es el único que concede el derecho de comer sin culpa, de comer y estar en condiciones para retos mayores.

Tener dinero sin trabajar significa que quizá se es un privilegiado nacido en cuna millonaria, o un hábil negociante que logra trabajar poco, o un perezoso profesional que por no querer trabajar buscará la forma de vivir del esfuerzo de los demás. Trabajo honesto: recompensa sin culpa.

Richard no sabía si era explotado o no, al cabo no le interesaba. Solo sabía que así ayudaba a su abuela y a sus hermanos y que por eso no faltaría la comida. Motivaciones, así como inspiradoras, también ejemplares.

Su abuela entendía que ella no estaría siempre y, precisamente por eso -e invadida por un amor indefinible- buscó las formas de que su inquieto nieto se hiciera de herramientas que le fueran útiles cuando él tuviera que enfrentar la vida y sus retos por sí solo.

Es que no hay explotación cuando hay formación y aprendizaje, y esto formó a aquel niño. Tal así es que de tantos pollos sacrificados se dio cuenta, de modo incipiente, que podía agregar a carpintero, zapatero, carnicero o mecánico, los negocios. Sí, se dio cuenta de que cambiar con el vecino pechuga de pollo por espagueti, traería variedad a su dieta y a la de la casa de la abuela. Y eso hizo por un buen tiempo. Negociar o intercambiar un servicio por otro, no es un don de unos y lamento de muchos. La necesidad crea necesidades. En la necesidad o nos sumimos en el lodo del lamento y la bronca o hacemos el esfuerzo por encontrar el otro lado de nuestras propias realidades y potencialidades, que todos las tienen, pero no todos quieren conocerlas.

La fotografía ideal de los humanos olvidados es patética. Un niño, barrios pobres y marginados, una realidad nacional de niñez explotada y en riesgo y una nación del tercer mundo, son una sentencia acerca del futuro de ese niño. El presagio indica que no será nada bueno, que se perderá como uno más revolviendo los basurales, vendiendo descalzo en las esquinas y expuesto a la acción de algún perverso, inmoral y oportunista.

Pero se puede romper el molde, se puede detener la inercia de la explotación, la barbarie y los malos presagios. Como Richard que, al cuidado de un ángel protector como su abuela, a la que nadie premió con grandes premios, fue enseñado. Así aprendió del valor de la vida, de la bendición de ser familia, de la responsabilidad de aprender y tener oficios, de la grandeza de la ética del trabajo basada en la honestidad y el esfuerzo. Sumado a su decisión personal de querer salir adelante, ese aprendizaje fue lo que hizo la gran diferencia. Sí, se puede hacer la diferencia y el niño Richard se había dado cuenta de ello.

Capítulo 4

Estudiar

Los días continuaban transcurriendo sin mayores sobresaltos. Las rutinas del barrio seguían siendo respetuosamente obedecidas, de la mañana a la noche y así hasta el próximo día. Todo seguía igual como si la vida en ese lado del mundo se rindiera a los designios de los mortales y no pudiera explotar en creatividad y anhelos fervientes de nuevos escenarios, nuevas realidades, nuevos retos, nuevas y mejores historias.

Richard fue uno más en todo ese conglomerado de dominicanos que, día a día, desde sus desgracias y sus tantas limitaciones le presentaban batalla a la vida y a las injusticias que con ella llegaban. Él fue otro hijo sin padres que debía cumplir rigurosamente con su trabajo, pero eso no era todo, aun cuando con sus distintos empleos ayudaba y mucho a la casa, a su abuela y a sus hermanos, él también necesitaba hacer lo que naturalmente hacen todos los niños a esa edad: estudiar. Simple de entender, pero no siempre tan sencillo de practicar.

Tal como una persona mayor que dice no poder hacer otras cosas porque está trabajando, del mismo modo sucedía con Richard. Es que con tan solo siete años "debía trabajar" y por eso no podía estudiar con facilidad.

El trabajo de un niño con las responsabilidades de un adulto tiene su incidencia y causa efectos. Por eso Richard debió decidir: o aceptaba en silencio la lógica y la idea social "el que trabaja no estudia" o se lanzaba a estudiar sin dejar de trabajar. La realidad era, si estudiaba

y quería seguir trabajando, el esfuerzo sería mayor. No era imposible de lograr, pero debería dar lo mejor de sí.

Al mismo tiempo que trabajaba en los distintos empleos que tenía, la necesidad y el anhelo de estudiar era cada vez mayor. De alguna forma, a pesar de su corta edad, se dio cuenta de que había otra manera y que, aunque sus esfuerzos laborales y adolescentes eran dignos, debería hacer algo más.

Por eso estudiar se hizo un verdadero mandato de vida. Él quería ir a la escuela, no era una molestia para él sino todo lo contrario. No era conflicto asistir por la mañana o por la tarde, en tanto y en cuanto pudiera cumplir con su sueño de ser un alumno regular en una escuela. Sin embargo, aunque ese era un gran deseo en sí mismo, representaba una verdadera complicación, por no decir un caos de importancia.

La mayoría de los testimonios de la gente cercana reconocía en él a un alumno muy inteligente. Eso era evidente y algo fácil de ver en Richard. El problema no era su inteligencia, sino su forma de vida. Era literalmente imposible que se concentrara en todos los procesos y demandas del estudio, con semejante inestabilidad familiar en la que vivía, tanto él como sus hermanos. Cuando las circunstancias no acompañan, un simple deseo no basta.

De todos modos, el jardín de infantes lo hizo en una escuela de hogar y el primer grado en una pequeña escuela cristiana del barrio, que proponía una formación basada en los principios cristianos. De alguna forma y sin darse cuenta, la semilla de la fe cristiana ya ingresaba a su mente en forma de enseñanza escolar. Los años que vendrían serían el resultado de estas primeras semillas sembradas en su corazón.

La verdadera odisea comenzó a sus ocho años cuando cursaba el segundo grado. El sueño de ir a una escuela regular se estaba cumpliendo. No obstante, debió enfrentarse a algo que jamás hubiera pensado que ocurriera en una escuela. En la calle claro que sí, pero no en una escuela. Bullying es una expresión inglesa que significa matón o peleador. El bullying es la acción o efecto de pelear contra otro solo por ser matón o provocador, buscando intimidar, dañar y llenar de miedo. El término, por lo general, se aplica para describir el acoso escolar que un alumno practica contra otro, que se encuentra en menores condiciones de defensa tanto en lo físico, como en lo psicológico.

La efectividad de esta horrenda práctica está en la continuidad. La satisfacción del que hostiga no tiene límites ni razón y solo se calma cuando ve en el otro constante sufrimiento. La indefensa víctima sufre a tal punto que, muchas veces, culmina en suicidio. Richard fue una víctima de esta clase de maldad hecha práctica entre los compañeros de su escuela. ¿La razón de semejante actitud? Quizás su condición socio económica, el alcoholismo y fama de su madre, ser criado por una abuela o ser alumno de una escuela pública de los niños sin recursos.

¡Cuánta crueldad puede contenerse dentro de un ser humano! ¡Cuánto placer incomprensible se descubre mientras destrozan la estima, las emociones y el futuro del otro!

El resultado de esta práctica continuó y, sin resistir más ser el centro de semejantes burlas e infamias, Richard se vio en la obligación de abandonar su escuela. No por incapacidad de alguna clase, sino por el simple hecho de llevar en su piel las marcas de alguna vergüenza causada por hechos que no cometió, pero que eran suficientes para que un puñado de matones y enajenados se encargaran de hacer de su vida, una desgracia y una noticia pública y burlesca.

Lejos de darse por vencido y ya con un año de escuela perdido, se preparó y regresó al próximo año. Entonces sí pudo completar su segundo grado. Pero como perseguido por una maldición, nuevamente en su quinto grado volvió a tener problemas, ya que de cinco días de clase Richard se ausentaba tres. ¿La razón? Jugar béisbol con sus amigos del barrio y, por supuesto, también lo hacía como una forma de escapar del infierno que vivía en su casa.

Esta seguidilla de inasistencias a la escuela tuvo sus consecuencias y él lo supo de la peor manera. Hacia la mitad del año escolar la maestra le ordenó que se pusiera de pie frente a toda la clase. Richard pensó que quizá era para recitar un poema o dar alguna información geográfica o histórica o para resolver en la pizarra algún problema matemático. ¿Por qué causa lo haría ponerse de pie frente a toda la clase, si no fuera por algún asunto del programa de estudio? Su mayor vergüenza estaba a punto de ocurrir. Como fría es la piel del hielo, sonó fuerte y molesta la voz de la maestra, ordenándole que tomara sus útiles escolares y se marchara inmediatamente del salón de clases. ¿La razón? Se la escupió delante de todos sus compañeros con hirientes palabras: "¡Eres un verdadero inútil! ¡No

vuelvas más!" Y luego siguió gritando al niño de tan solo doce años que ella no estaba dispuesta a gastar su valioso tiempo en un inútil como él.

Richard lloró diferente ese día. Amarga y lentamente se fue a su casa, sorbiendo sus propias lágrimas e iniciando la temporada de las preguntas que hacen los grandes, pero que ahora las hacía un simple niño.

¡Cómo lloró cuando abandonó la clase y cuán crudo fue su dolor al comprobar la sonrisa satisfecha de los que, sin misericordia, se burlaron de él hasta el cansancio! La vergüenza y el sentimiento de derrota fueron más fuertes, por eso perdió un nuevo año de escuela.

La vida continuó y la decisión de estudiar no había desaparecido, estaba más fuerte que nunca en la voluntad de Richard. Como no tenía a sus padres -y la abuela debía atender la carnicería-, él debió ir personalmente a inscribirse a un nuevo año escolar. Para eso su abuela le dio un billete de cinco pesos –unos dos dólares– y con su acta de nacimiento en mano, partió emocionado a inscribirse a la escuela pública correspondiente a su zona.

Ya contaba con trece años. La sorpresa fue mayor. ¿Quién estaba a cargo del proceso de registración de los nuevos alumnos? La maestra que vergonzosamente lo había expulsado el año anterior delante de todos sus compañeros y ¡vaya que tenía buena memoria! Al llegar el turno de atender a Richard, lo reconoció y volvió a gritar, ahora delante de todos los que se inscribían: "Sal de la fila, no le quites el lugar a un niño que realmente lo necesita y que lo aprovecharía mejor".

Richard volvió a ser expulsado de la clase antes de que iniciara el nuevo año escolar. Regresó llorando a casa, parecía que llorar era su destino. Se dio cuenta de que quizá ya debería rendirse, pero con lágrimas en sus ojos, queriendo dejar todo, decidió no hacerlo. Richard es de los que no se rinden, esta característica de su personalidad salvó muchas veces su vida de ahí en adelante. La vida también consiste en no rendirse. Él quería estudiar, pero no alcanzaba a entender por qué los vientos le eran tan contrarios.

A pesar de todo, no se rindió. Pidió ayuda a su increíble abuela, quien

comentó la situación de su maltratado nieto con una cliente de su carnicería que era maestra, quien intercedió por Richard y así tuvo la oportunidad, una vez más, de poder estudiar. Lo aceptaron en la escuela bajo la tutela de otra maestra y ahora, con total conciencia, no solo de su situación sino del sueño y la pasión de salir adelante que quemaba su corazón, se prometió a sí mismo que no desperdiciaría esta oportunidad. Ese fue el año que marcó su vida para siempre.

Richard fue uno de los tres mejores estudiantes de la escuela, obteniendo las máximas calificaciones en todas sus asignaciones. Como si fuera poco, debió representar a su escuela en un prestigioso concurso nacional, siendo el único alumno que respondió a cada pregunta de manera correcta.

Se iniciaba así una gran temporada en la vida de Richard, la cual incluía sus primeras experiencias en su formación espiritual. La relación con Dios comenzó a aparecer como una necesidad, que al satisfacerla le dio vuelta a su vida completamente para mejorar. Richard, cargado de experiencias de dolor y de abandono, se fue abriendo paso en la vida con firmeza y con la voluntad férrea de no rendirse. Es que de eso se trata la vida, de no rendirse.

Capítulo 5

Fe y desarrollo personal

La tendencia universal e histórica generalizada es creer y hacer creer que una estrecha relación con Dios solo se consigue mediante el estricto cumplimiento de un programa de ritos y obligaciones que impone una iglesia. Lamentablemente, parece que esta tendencia continuará invariable por mucho tiempo ya que, por un simple ejercicio de sentido común, se comprueba con suma rapidez que algo no está bien, que el mundo está en un caos absoluto.

Este estado actual no puede ser el resultado de una relación con Dios, ya que quienes dicen tenerla son los mismos que destrozan la sociedad, la vida y sus valores. Aquí como mínimo hay una contradicción que no está bien, pues sin ánimo de erigirse en una especie de tribunal que juzgue las posiciones o creencias humanas, le asiste un recurso y un derecho a todo ser humano de ver, juzgar, comparar y concluir lo que sus ojos ven o su vida experimenta como parte de un contexto o de una sociedad.

Mira esta analogía: si el animal ladra es un perro. Simple y contundente. Pero si el animal ruge y a la vez sostiene que es un perro, podemos concluir que hay un problema, quizás una patología, una peligrosa contradicción. Esta forma de ver el asunto no pretende ser una posición simplista ni mucho menos irresponsable. Ocurre lo mismo en asuntos de fe, lejos de emitir juicios sobre denominaciones o movimientos, que, por cierto, son muchos y variados. No puedo afirmar ser cristiano y no mostrarme como tal, no puedo decir conocer a Dios y no darlo a conocer en la práctica de mi ética y moral. Si es perro, ladra.

En algún momento el joven Richard debió resolver también el asunto de la fe y su relación con Dios, ya fuera para abrazarla con todo su ser o para negarla con todas sus fuerzas. Es algo que todo ser humano debe resolver tarde o temprano, gústele o no. Solo de esta forma, entonces, puede explicarse que hoy existan teístas y anti teístas, creyentes e incrédulos, ateos y espirituales, místicos y gnósticos. Cada uno, en algún momento, debió tomar una decisión y la misma está a la vista.

Ahora bien, cabe recordar que intencionalmente el espíritu de esta obra se rehúsa a polemizar y crear más distancias de las que ya tenemos entre todos, tomando posiciones antagónicas con los que por lo menos leen estas líneas. El objetivo siempre ha sido y es caminar detrás de la experiencia de vida de un hombre; para ese hombre, la fe y su relación con Dios fue un tema que debió resolver. La tomaba o la dejaba, la aceptaba o la rechazaba, la contemplaba o la utilizaba, la usaba de tanto en tanto o construía su vida a partir de sus principios.

Queda claro entonces, que no se puede afirmar tener una relación con Dios y que los resultados de esa afirmación no puedan leerse en su vida cotidiana. Precisamente y reafirmando lo inconveniente de esta contradicción, no es posible entender que en una sociedad que se dice cristiana, los niveles de desprecio por la vida del otro, el aumento y la consolidación de una cultura basada en el odio y la venganza, sumado a prácticas inmorales aberrantes y las conductas éticas en todos los ámbitos del quehacer humano, dejen tanto que desear. Es que la hipocresía religiosa está devorando la necesidad y la honestidad de construir una relación con Dios. Existen muchos religiosos, pero pocos practicantes.

De alguna forma que no podía explicar fehacientemente, Richard a su temprana edad, creyó que la solución para cambiar la vida de su familia estaba en Dios. Es propio de la construcción de nuestra personalidad dar un espacio a lo trascendente, a lo que está más allá, aun sin tener toda la información teológica, sin la corrección doctrinal adecuada y hasta sin tener una cultura de parroquia o de templo. La idea de Dios viaja en cada uno de nosotros.

Cuando somos niños, de alguna manera, Dios forma parte de los asuntos importantes que debemos considerar, obviamente en menor medida respecto a los temas de interés propios de la edad. Pero el

tema de Dios está allí y, en mayor medida, cuando la familia en la que nacemos y somos criados le da importancia y lo traslada a sus hijos en forma de modelaje y enseñanza.

La familia puede o no ser practicante de los principios de la fe y eso será directamente proporcional a cuánto el niño se interesará por el tema y, en consecuencia, al lugar que le asigne en la lista de asuntos que le son de prioridad. Pero no termina ahí, cabe preguntarnos ¿y qué de aquellos niños que como Richard no disfrutaron de ese beneficio de tener familia? Solo hay dos respuestas: no les despierta ningún interés o se abrazan a esos principios porque creen -aunque tímidamente- que en ese ámbito encontrarán el auxilio y la orientación que, tanto él como los que dependen de él, no han obtenido en otros espacios.

A Richard no le interesaban los temas de la religión y sus reglas. No por rebeldía, simplemente se dio cuenta de que los apremios de su vida y sus hermanos no daban tiempo para practicar rituales y respetar reglamentos. Sus necesidades eran del aquí y el ahora. No podía darse el lujo de un mañana, toda vez que su vida se iba desarrollando en ámbitos donde, en cualquier momento, su mañana sería cortado. Él sabía, en su tierna edad, que Dios era importante para él, contaba con solo siete años y ya hacía cosas que personas mayores hacen para buscar a Dios. Es que el principio de toda búsqueda de Dios no comienza en un templo, ni en un ritual, sino en una necesidad.

A esa edad ya se daba cuenta de que tenía necesidad de Dios, no es de extrañarse entonces que caminara hasta dos horas buscando llegar a un lugar donde él sabía que oraban por las necesidades de las personas. ¡Siete años… dos horas! No puede ser religiosidad, simplemente necesidad.

Lo realmente inspirador es que en el mismo momento y a la misma hora, otros cientos de niños de su misma edad en toda la República Dominicana, jugaban libremente con sus juguetes en el mundo de las irresponsabilidades propias de la niñez. En cambio Richard caminaba buscando un lugar donde alguien orara por su madre y por sus hermanos. ¿Peligros? ¡Muchísimos! ¿Riesgos? ¡Todos! Pero hasta allá llegaba. Muy temprano en su vida lo abrazó la necesidad de encontrar a Dios y hacerlo su propio Dios. La necesidad crea necesidad, aunque ella tenga siete años.

Así que aprendió eso de orar por los demás. Lo curioso y llamativo es que no oraba solo por él; de alguna forma que ni aún él entendía, su carga eran los otros y principalmente su mamá, que para esos años ya estaba sumida en el alcohol. "Oh, Dios, te pido ayudes a mi mamá a que deje el alcohol". Demasiado niño para una oración tan seria acerca de un problema grande.

Ten cuidado con juzgar con rapidez y liviandad la experiencia de fe de otra persona, incluida la de un niño. A veces creer en milagros no es una materia del plan de estudio de un Instituto Bíblico, muchas veces surge de la dureza de una experiencia y de lo doloroso de un proceso.

Los años pasaron y también las nuevas oportunidades en la vida de Richard. Fue recién para sus trece años que, a duras penas, cursaba su quinto grado de escuela, cuando la necesidad se hizo experiencia.

Aunque pareciera un tanto gracioso, ese día fue inolvidable debido a la forma en que Richard finalmente le entregó su vida a Dios. Mientras iba caminando a una de sus tantas cosas por hacer, al pasar por enfrente de un lugar descubrió que estaban hablando de Dios. "¡Sí, están predicando de Dios!", pensó. Su curiosidad pudo más y entró en ese lugar; una vez adentro advirtió que allí se encontraba la muchacha del mismo barrio, que a sus trece años le había "robado" el corazón. Doble razón para quedarse ¿Curiosidad? ¡Sí, claro! Pero ¡cuidado!, a veces la necesidad usa los vestidos de la curiosidad.

Ese día fue "su antes y su después". Ese día determinó el resto de sus días hasta hoy. No fue la única vez que entró a aquel lugar, volvió de nuevo, una y otra vez; lo que había descubierto era demasiado bueno como para solo vivirlo una vez.

Un dato curioso y anecdótico es que esas reuniones se llevaban a cabo en el mismo edificio donde Richard había completado su primer grado de escuela y frente al lugar donde, a sus cuatro años, había visitado la iglesia por primera vez. ¡Cosas de la vida! También era el lugar al que le había prohibido a su hermana asistir. Finalmente, el ir por algo más de Dios, se le hizo necesidad y costumbre.

Un día en el templo estuvo en una práctica bien desafiante, que consistía en una especie de concurso en el que se premiaba a quien respondiera correctamente una serie interesante de preguntas

acerca de la Biblia. Eso lo inquietó. Richard nunca se quedó quieto, por eso salió a la búsqueda de una Biblia. Se consiguió una prestada y se lanzó a memorizar cuanta información del Sagrado Libro pudiera retener.

Era para un concurso, pero sin darse cuenta se fue permeando de tanta información bíblica, que no pudo evitar reconocer lo que ya era obvio: acababa de iniciar su gran historia de vida, teniendo como aliada la fe, que fue aprendiendo a entender y practicar. Por voluntad propia hacía todos los esfuerzos posibles por conocer más y mejor a Dios, lo que demanda y que está escrito en su Palabra.

El resultado no podía ser otro, el cambio de vida que sobreviene al momento único de entregar la vida al control de Jesucristo, no se hizo esperar y fue visible inmediatamente. Está más que claro que no se convirtió en un piadoso y respetuoso devoto del rito o el programa de la iglesia. Richard nunca quiso ser un hueco religioso con fachada de espiritualidad. Es así como en su vida de adolescente y en los problemas que vivía y enfrentaba, su transformación se pudo ver.

Tres cosas eran visibles en Richard, de las cuales muchos daban testimonio de eso por aquellos años: era el chico de las malas palabras -típico de su barrio, tenía gran facilidad para soltar improperios y palabras de muy mal gusto-, peleaba -como lo hacía con sus hermanas- y también sostenía su eterno problema con la escuela.

Quizá dirás que eso no es problema ni tiene nada de gravedad y seguramente tendrás razón; es que Richard no se encontró con Dios a sus cuarenta años, porque de haber sido así, sus problemas habrían sido otros y de mayor gravedad. Pero… ¿cómo puede considerar un simple adolescente "actos malos" que debe cambiar? Esto ha sido contundente y forma parte vital de su historia de vida.

No fue magia ni positivismo llevado a otro nivel. Simplemente el hablar y dirigirse a los demás de otra forma, con otras palabras; su vocabulario ahora ya no incluía maldiciones de ninguna clase. También abandonó las peleas con sus hermanas para buscar consolidar la relación. Y, finalmente, pasó a ser uno de los mejores alumnos de su escuela. Esas son tres poderosas evidencias en la vida de Richard de que la fe y su relación con Dios no fueron para él un mero costumbrismo religioso de fin de semana, sino una experiencia que le transformó la vida para el resto de sus días.

Juventud y crisis

A partir de los trece años la vida de Richard ya no fue la misma. A la transición propia de la niñez a su adolescencia, que ya tiene sus complejidades, se le sumaron una serie de inconvenientes que realmente lo expusieron a situaciones bien riesgosas.

Ningún adolescente en el mundo ha dejado de experimentar las típicas crisis de esa etapa, por lo que es inconveniente que se le sumen mayores problemas a los propios que ya tiene por su edad. Ese no fue el caso de Richard. De alguna forma él sabía que debía llegar a la adolescencia, no podría ser eternamente un niño, pero la vida lo obligó a pasar por alto esta etapa y a convertirse en adulto antes de tiempo, asumiendo responsabilidades que no le correspondían. Por eso su vida comenzó a tomar forma desde muy temprano y, sin darse cuenta, fue aprendiendo a colocar prioridades y a vivir por ellas.

El estudio y la fe fueron para él dos prioridades realmente irremplazables. Pero como era de esperarse, su enfoque no evitó que algunas situaciones familiares continuaran sucediendo y que continuaran ejerciendo una presión que, en muchos momentos, fue sencillamente insoportable.

Para ese tiempo su madre había regresado deportada de los Estados Unidos, en donde había vivido por varios años. Toda esperanza de verla cambiar y luchar por vivir mejor se había esfumado. Su historial de alcoholismo y drogadicción tristemente había aumentado a un nivel casi irrecuperable. Richard siempre abrigó la idea de volver a

ver a su madre y hasta vivir como cualquier familia común y corriente, pero su regreso no fue lo que había imaginado en su mente de adolescente.

Así eran las cosas, con una tristeza inmensa y un profundo dolor se dio cuenta de que debería seguir siendo un muchacho huérfano de padres, pero con el detalle clave de que aún los tenía con vida.

Por otro lado, los actos violentos y abusivos de su abuelo estaban en su mayor manifestación. Lo más doloroso es que se habían intensificado de una manera inexplicable contra los hermanos y primos más pequeños de Richard. Toda persona violenta lo es en todo lugar y en toda circunstancia y, en el momento menos esperado, explota sin preocuparse de que los demás lo sepan. No obstante, sigue siendo un interrogante acerca de cuál era la razón por la que dirigiera su violencia con más intensidad hacia ellos. No era un abuelo para disfrutar. Richard tenía un abuelo de quien debía cuidarse.

Odio, venganza

Estaba llegando el día en que inevitablemente un encuentro debía producirse: Richard y ciertos sentimientos. Lo natural es que los padres amen a sus hijos y por nada del mundo los abandonen, del mismo modo que los abuelos busquen a sus nietos para pasar tiempo juntos, eso es lo más natural. No era el caso de Richard y sus hermanos. Los padres no estaban, solo una abuela que se hizo cargo de ellos con un inmenso amor. En cambio, el abuelo se había convertido en una verdadera amenaza para sus propios nietos.

El corazón de Richard estaba siendo abonado para que germinaran sentimientos, así como extraños para él, peligrosos para todos. Los gritos amenazadores, los golpes en las puertas y el ruido de los pasos de un abuelo fuera de sí, fueron demasiado fuertes para seguir un minuto más allí; precisamente por eso, Richard tomó una decisión: cambiar de ambiente.

Comenzó a tener amigos nuevos y a fijarse nuevas aspiraciones para su vida. Buscó otra gente, otro aire, otros desafíos. Estos cambios le permitieron lograr su objetivo de estar lo menos posible en el barrio y en la casa, pero a pesar de todo lo que Richard estaba haciendo, el desprecio del abuelo hacia él y sus hermanos había recrudecido.

Richard ya contaba con quince años. El hecho de que no estuviera tanto en casa y en el barrio hizo que, por un lado, la violencia contra él decreciera de manera considerable, pero no así con sus hermanos que aun vivían allí. Richard hubiera querido que nunca hubiese llegado esa mañana, pero tuvo que enfrentarla. Él y sus hermanos aún dormían, nadie sabía qué nueva manifestación de violencia estaba preparando su abuelo en contra de ellos. Pero en pocos minutos lo supieron de la peor manera.

Lo perverso de la violencia y del odio es la creatividad, por medio de la cual la persona siempre encuentra nuevas maneras de canalizarla y expresarla. Como tantas veces, el abuelo subió hasta el segundo piso de la casa y fue directo a la habitación donde dormían Richard y sus cinco hermanos. Richard lo escuchó subir por los escalones de madera y, seguro de que nada bueno lo había hecho subir, corrió a encontrarse con él para evitar que fuera a golpear a sus hermanos y a sus primos.

Su sorpresa fue mayor, jamás lo hubiera imaginado. Notó que su abuelo había tomado en su mano la bacinilla, un recipiente utilizado por las personas que por su enfermedad les es imposible trasladarse hasta el baño y que por general se acomoda debajo de la cama o en un lugar estratégico de la habitación para recoger los excrementos, orina, vómitos y las flemas.

El abuelo estaba frente a su nieto de quince años ahora. Entonces, sin mediar palabras y con un desprecio imposible de explicar, vació la bacinilla en la cabeza de su nieto. ¿Qué decir? ¿Qué razón dar para justificar tamaño desprecio? Quien debía estar seguro en la casa por el cuidado de su abuelo, huele a excremento gracias a él. Richard quedó estupefacto, por milésimas de segundos no supo qué hacer o quizá lo supo y no quiso hacerlo. Explotaba de ira, acababa de conocer la obra del odio en su propia vida.

Después de tantos años de soledad, orfandad y desprecio, se encontró cara a cara con el odio como respuesta y con las reacciones propias de ese sentimiento. Intentó convencerse a sí mismo y concluyó en que nadie podría condenarlo si le daba a su abuelo su merecido. El odio estaba logrando su cometido, pensó rápidamente y se dijo a sí mismo: "Si lo empujo fuerte puede caer al patio de la casa y morir desnucado, morir rápido". No se dio cuenta de que los segundos usados para decidir su reacción, el abuelo los usó para consumar

su obra y golpeó con todas sus fuerzas el rostro de su nieto con la bacinilla, ya vacía de repugnancia.

La marca no fue solo la del golpe en su rostro sino la que el abuelo estaba dibujando en su alma. Nunca corrió tanto Richard como en ese instante, así bajó raudamente las escaleras y luego de tomar dos piedras de la calle, esperó a su abuelo para matarlo, de una vez y por todas, pero su abuelo tardó en bajar. Lo maravilloso es que, en ese instante, cuando en medio de la calle temblaba de vergüenza, dolor y odio, una fuerza más poderosa y grande que él impresionó su corazón y lo ayudó a entender que matar no sería la solución.

Pasaron muchos años más y el odio contra su abuelo fue una constante. Era algo que debería enfrentar, algo que algún día debería superar, porque no se puede vivir la vida usando odio como combustible.

Soledad y suicidio

Como si la historia con su abuelo ya no fuera difícil de sobrellevar, se le sumó una situación, tanto o más dolorosa: la vida de su mamá. Es increíble lo que la combinación de alcohol y drogas puede hacer en la vida de una persona, el alto poder de desgaste y destrucción es verdaderamente sorprendente. Todas las noches, no solo los fines de semana, su madre presentaba una nueva situación de horror producto de sus adicciones. Era habitual esperar su llegada a casa totalmente borracha o drogada. ¿Cómo hacía para llegar a casa en esas condiciones? Era un misterio. Literalmente era imposible dormir con semejante situación dentro de la misma casa.

La vida de Richard y sus hermanos fue moldeada por el miedo; si no era el abuelo, sería la madre. No se puede vivir de esa manera y aspirar a ser mínimamente feliz en la vida. La constante era el miedo y la incertidumbre de con qué se encontrarían en las próximas horas y qué los despertaría a la mañana siguiente. El estrés al que a diario eran sometidos un puñado de adolescentes, de manera constante y agravante, fue resquebrajando y minando sus fuerzas, consolidando la desaparición de la esperanza de que un día todo pudiera ser diferente y mejor.

Un muchacho de tan solo quince años debió experimentar, en carne propia, todo el poder del odio que lo empujaba a eliminar a quien

abusaba de él y sus hermanos. Ante esa realidad se descubrió triste y se vio más asustado que nunca, sin poder negar que la fragilidad de su presente, lo hacía vulnerable y vencible. Llegó el día en que creyó que el huir era su mejor y única opción. Estuvo a punto de tirar la toalla.

Una noche de las tantas sufridas por Richard y sus hermanos, su madre llegó a casa de nuevo, como siempre, totalmente borracha, solo que esta vez sangraba de una manera desesperante. ¿Por qué estaba así? ¿Tropezó en la calle y se lastimó? La vergüenza de Richard no tenía límites, le era simplemente insoportable. La mujer que lo trajo al mundo había sido protagonista de una pelea tan ruda, como las que tenían los muchachos del barrio. Estaba borracha, drogada y perdía sangre enfrente de un muchacho de tan solo quince años que debía resolver qué hacer con su abuelo, su madre y sus hermanos. Demasiado peso, demasiada responsabilidad y demasiada exigencia.

En su desesperación, Richard volvió a correr, volvió a escapar por algo mejor que cambiara esta historia injusta de dolor, abusos, vicios y miedos de toda clase. Corrió y corrió hasta que no pudo más y se detuvo en medio del asfalto de una carretera. Su crisis era real. Sus ojos nunca lloraron tanto como esa noche.

La carretera era la principal de su ciudad y en medio de ella se dejó caer, cansado, pero no para dormir, sino para que alguien lo duerma para siempre. No solo deseó morirse, sino que buscó irracionalmente acabar con sus días, provocar a la muerte para que se lo llevara mucho tiempo antes del que estaba escrito que debía irse de la tierra de los vivos. Allí esperó hasta que algún auto le pasara por encima y de ese modo acabar con su vida.

Si buscas definir la eternidad, aquí hay elementos para hacerlo, porque pasaron unos quince eternos e interminables minutos y ningún auto cruzó por allí, ni siquiera una bicicleta. Estaba llegando al final de un camino, y su relación con Dios se estableció ahora a otro nivel. Se levantó lentamente, un poco golpeado, otro tanto cansado, pero solo para caer sentado en la calzada. Fue desde allí que elevó su más sentido clamor, sus más dolorosas y desesperadas preguntas, su más necesitada reflexión. "No lo entiendo", le dijo a Dios. "No me dejas vivir plenamente y tampoco me dejas morir", agregó y rompió a llorar. "¿Qué quieres conmigo?", le gritó. "¿Cuál es tu propósito?", continuó preguntándole a Dios.

Una cosa supo por encima de todas las demás: Dios no quería que Richard tirara la toalla y aunque Richard ya la había arrojado, Dios le ayudó a levantarla una vez más. Como suele ocurrir, nada le dijo Dios, solo guardó silencio. Pero es precisamente su silencio lo que habló directo a su corazón y le hizo confiar, sentir y entender que todo estaría bien. Y Richard esa noche le creyó a Dios.

Complejos

A todos nos pasa que enfrentamos y sufrimos dos tipos de situaciones que sobrevienen a nuestras vidas: las que vienen de afuera -es decir, todo lo que la vida, las personas y las circunstancias dirigen contra nosotros-, las otras son internas, las que nosotros mismos producimos, y que muchas veces operan como obstáculos importantes en el camino hacia lo que nos proponemos alcanzar.

A esta altura de la historia, Richard ya tenía demasiadas situaciones externas viniendo contra él e iba enfrentando cada una de ellas como podía; a esos embates se agregaba uno que surgía de él mismo: sus complejos.

Los complejos surgen, en algunos casos, por el juicio que otro hace sobre mí, sobre algún supuesto defecto que puedo tener. Su efectividad está en cuanto yo creo que tengo o me atribuyo ese defecto y la valoración que me doy a mí mismo. Cuando el complejo se hace efectivo da lugar a los famosos "motes" o "sobrenombres" que, por lo general, son asignados por un sobredimensionamiento del defecto que se dice tener. Esto produce un desprecio propio, que convierte a la persona en su propio verdugo. Un clásico complejo es el de la gordura o también la delgadez extrema. Lamentablemente, siempre habrá alguien que encuentre en mis defectos una razón para la risa y la burla más despiadada.

Desde los doce años Richard era visiblemente gordito -mejor dicho, un "súper gordo" según se lo hacían sentir los demás-, así que para imaginar el bullying del que era objeto, no debemos hacer mucho esfuerzo. Tan convencido estaba de lo poco que valía por su gordura, que creía que jamás conseguiría novia, porque nadie miraría con ojos de amor al gordito que no tenía padres y que fue criado por una abuela.

A pesar de todo lo que hasta ese momento había tenido que enfrentar, a sus quince años Richard cambió totalmente su imagen. Pasó de ser súper gordo a súper delgado. Este cambio alimentó la esperanza de que alguna muchacha fijara sus ojos en él. Sin embargo la realidad fue diferente, y no le tomó mucho tiempo darse cuenta de que, por alguna razón, las chicas del barrio preferían fijar sus ojos en los más populares y ¡oh sorpresa! Mayormente, entre otras cosas, se dedicaban a vender droga.

Sin embargo, por duro que fue este proceso en la vida de Richard, Dios se las arregló para ir sanando esa parte de su vida. Aun cuando su trasfondo familiar estuvo plagado de desgracias de toda clase, poco a poco y a paso bien firme, Richard fue encontrando la sanidad integral para su vida. Al final Richard pudo encontrarse a sí mismo. "Si no te amas a ti mismo será imposible amar a los demás".

Repartiendo perritos

A pesar de la corta edad de Richard y la gran cantidad de responsabilidad que debía asumir, se le fueron añadiendo situaciones de real preocupación. Como una bola de nieve los problemas fueron creciendo y creciendo, hasta que la vida misma se encargó de encerrarlo y obligarlo a producir sus propias respuestas, entendiendo que no hay mejor enseñanza que la que uno vive en carne propia. Fue así como a los diecisiete años una nueva prueba tocó la puerta de su vida, dura, fría, dolorosa y aun desesperante. Esta vez se trató de su abuela, su heroína, y la noticia no podía ser más terrible y desconcertante. El diagnóstico no admitía duda alguna: cáncer en etapa cuatro; eso quería decir, terminal. Horrible enfermedad, horrible informe para un nieto hijo que le debía la vida a su abuela.

Esas son las noticias que mueven a hacer lo que sea, para que no sean una realidad. Sin embargo no pasaron cuatro meses y la vida de su abuela se apagó con tan solo cincuenta y seis años de vida, demasiado joven para morir. Todos necesitamos de otros para vivir, nada se alcanza solos, todo es una tarea de equipo. Y en la vida de Richard, su abuela no era cualquier persona; su vida giraba alrededor del encanto, el cuidado, la provisión, la protección, el consejo y el amor de su querida e irremplazable abuela.

Así es la muerte, no pregunta opiniones ni sentimientos, ni mucho

menos concede "gracia" para vivir algún tiempo más. Llega y se lleva su trofeo: la vida de un ser querido. Culminado el ritual de entierro y desgarradora despedida, Richard volvió a casa solo para constatar la fría ausencia de un ser sin igual y también para darle batalla a la dura realidad de ver cómo hacer para vivir, sin la protección de la única que le dio una mano y todo su corazón.

Con tan solo diecisiete años, sin padres, cinco hermanos y un futuro por delante, el vacío era enorme. Tampoco había recursos familiares para poder llenarlo. Ante semejante orfandad, lo que se avecinaba era inevitable. Y había algo más, un muchacho de diecisiete años no podría mantener a cinco hermanos. Así y sin haberse recuperado aún del golpe que significó la pérdida de su abuela, debía encontrar la supuesta solución para que ni él ni sus hermanos quedaran a la deriva.

Cuando los cachorros paridos por la perra son demasiados, es natural que se los regale o se los venda. Y exactamente esa fue la sensación en el corazón de Richard. Como se reparten perritos, distintas familias recibieron y se llevaron a cada uno de sus hermanos.

Fue una escena triste, atroz, una fotografía perfecta de cómo puede acabar una familia donde papá y mamá no están presentes. Nadie tiene en cuenta los sentimientos, ni mucho menos lo que se graba en el corazón y la memoria de quien es repartido entre algunos, para que por lo menos tengan una casa a donde ir. Nada pudo hacer Richard para evitarlo, mucho menos cuando él mismo estaba resolviendo qué hacer con su propia vida.

Por fortuna Dios siempre pone a alguien en nuestro camino y en este caso fue el padre de un buen amigo -don Tomás- y el pastor Natera, con quien Richard tiene una enorme deuda de gratitud por lo que él hizo a su favor. A ellos y a muchos más Dios los usó como una enorme bendición para su vida, porque si algo necesitaba Richard, en ese momento, eran buenos consejos. Precisamente por eso, y a pesar del dolor y la injusticia sufrida, pudo estudiar en un internado fuera de la ciudad durante siete meses.

De nuevo se levantó y miró de frente la vida con los desafíos que ella le presentaba y, a los oficios ya practicados, no dudó en agregar el de la agricultura. Trabajos duros que jamás había hecho, pero que le fueron muy útiles para reencontrar el balance en toda su vida.

Una vez más, alguien daba el valiente paso de creer en él. Y eso fue suficiente para que Richard volviera a creer en él mismo. Él lo necesitaba, todos lo necesitamos.

Vendedor

En su estadía en el internado se encontró con una muchacha que lo inspiró y ayudó a creer en él mismo, a entender que no valía por lo que hacía o sufría, sino por lo que era: una persona. El tiempo que pasó en el internado rindió sus frutos, allí aprendió el negocio y el arte de vender libros. Ni bien había terminado su año escolar, viajó a la capital de la República con el fin de ponerse a trabajar como vendedor de libros para la salud, bajo la dirección de un reconocido e influyente líder de su país. Fueron tres meses increíbles que consolidaron una etapa más en el crecimiento de Richard.

Dormía en un salón abandonado de una escuela. Podía vender, pero no había recursos para pagarse un hospedaje. Aprendió a convivir con los habitantes de ese salón que habían llegado allí antes que él: ratas inmensas que bien podrían pelearle a un gato grande sin problema alguno, compañeras fieles de hospedaje y, a la vez, modos usados por la vida y aun por Dios para aprender las mejores lecciones. Esa semana se sostuvo comiendo cereal y leche en polvo tres veces al día. No había donde comer, ni una abuela que preparara una comida.

Aunque el salón no era ideal ni recomendable, el solo hecho de tener un techo y alguna comida lo hizo retener allí más de lo necesario. Tenía miedo de salir a vender libros. Es que el miedo paraliza, retiene y tienta a apostar por lo seguro. Lo cierto es que, una vez más, debió vencer sus propios miedos y finalmente salió a hacer sus ventas. Más puede el hambre que la vergüenza y el miedo.

Los primeros días no vendió absolutamente nada, pero no se rindió. Richard no es de los que se rinden con facilidad, así que comenzó a leer libros sobre ventas. Se devoró uno que lo proyectó a otro nivel en su incipiente andar en el mundo de los negocios: "El vendedor más grande del mundo". Y, milagrosamente, ese verano fue el campeón en ventas de todo el país, esa fue una experiencia que lo marcaría para toda su vida.

No se trata de conformarse con lo que uno es y tiene. El progreso y el espíritu de lucha están en nosotros y somos los únicos que no solo podemos descubrirlo, sino también ponerlo a trabajar.

Ahora sí podía ayudar a sus hermanos para que pudieran volver a casa de la abuela y como él, también comenzaran a estudiar. Algunos aprovecharon ese esfuerzo y otros no, eligieron otro camino tomando decisiones que, tristemente, no les hicieron bien. No obstante, Richard por primera vez tuvo una enorme satisfacción y fue la de haber hecho su parte con amor, esfuerzo, trabajo y según sus propias fuerzas. El hizo su parte y Dios hizo la suya.

El resultado fue que Richard se había consolidado como vendedor. Ya tenía una carrera y eso consolidaría el resto de las áreas de su vida. Se había quitado buena parte de las ropas del dolor, la injusticia, el abuso, el abandono y la burla. Se estaba dando cuenta de que con Dios como su ayudador, nada le sería imposible de lograr. Lo creyó y así lo vivió.

Capítulo 7

Decisiones estratégicas

El año 1994 marcó el inicio de una nueva etapa en la vida de Richard. Los tres años de trabajo intenso arrojaron sus frutos. Las ventas fueron todo un éxito y Richard aprendió a no derrochar sus ganancias y evitar lo que históricamente es habitual entre los seres humanos: nacer sin nada, ganar mucho dinero, derrochar lo ganado, decretar su propia bancarrota y quedar sumido en el lodo de los vicios más variados y peligrosos. No fue ese el camino elegido por Richard, porque él hizo la elección de vida que debería hacerse en cualquier circunstancia, con diez centavos o con un millón.

Una puerta se abrió para él en la ciudad de Nueva York, no solo por lo que se le ofrecía, sino por lo que implicaba mudarse a los Estados Unidos. Richard no dejaría pasar esa oportunidad: sería agente de ventas en la casa central de la publicadora para la cual estuvo trabajando intensamente en la República Dominicana. Ya no debería prepararse para cambiarse de casa, ni tampoco para escapar de una amenaza. Este era el viaje de su vida, su gran oportunidad de hacer la diferencia en todo sentido. Los caminos de Dios son definitivamente diferentes a los nuestros. La experiencia como vendedor en Nueva York fue muy buena, pero duró muy poco tiempo, solo tres meses.

Otra vez una nueva puerta se abrió para llevarlo a la hermosa isla de Puerto Rico y obtener allí una Licenciatura en Artes. No lo dudó un instante, porque no se trataba solo de ganar dinero sino también le abriría puertas en todo el mundo y en ámbitos que jamás hubiera imaginado.

Richard ya había entendido la diferencia entre ser un hombre con dinero o ser un hombre con un destino, con un objetivo certero para alcanzar en la vida. Ya se había dado cuenta de que no es con dinero que se llega al objetivo, sino con la preparación adecuada para ello. Los años de estudio en Puerto Rico y la licenciatura que finalmente obtuvo, se convertirían en la base de sus futuros logros y, a la vez, en un sostén sólido cuando debió enfrentar otras tormentas de peso.

Ser estudiante con visa de estudios es un privilegio, pero, así como le permitía recibir educación muy relevante, por otro lado, no le permitía trabajar para ganarse la vida y pagar los estudios con cierta libertad. Podía trabajar pero no donde quería, sino donde se le permitía: no más de veinte horas por semana y en la misma universidad. Definitivamente fue una tarea difícil sobrellevar todo el proceso. Debía cumplir con todas sus tareas como cualquier estudiante, aunque no había un padre que enviara dinero ni tampoco una abuela que lo sostuviera. Esto debía enfrentarlo solo, una vez más, solo.

Las dificultades económicas eran de preocupar ya que no recibía beca de su país de origen, ni mucho menos del país que lo recibió como estudiante. Sin trabajo a tiempo completo, sin ayuda y con una cantidad enorme de dinero que debía pagar cada semestre, Richard estaba bajo los embates de una prueba que lo desafiaba: abandonaba esgrimiendo como razón lo que era obvio -no tenía dinero, ni ayuda, ni trabajo- o continuaba manteniendo su cabeza en alto.

Se esforzaba por mirar por encima del desafío que el estudio le presentaba. Sin desmayar, sin rendirse, trabajaba cada día y se iba a dormir cada noche pensando en qué nuevo camino de soluciones recorrería al otro día, qué nueva idea le llegaría con la salida del sol, para lograr su objetivo y, a la vez, cumplir sus obligaciones.

Richard no sabía qué era rendirse, su valor y decisión nunca le permitieron esa opción. Mientras continuaba sus estudios, la puerta de su corazón se abrió y contrajo matrimonio antes de iniciar un nuevo año de clases. Un año y medio más tarde nació su primer hijo, Richard Javier. Su determinación de estudiar hasta graduarse, la inyección de entusiasmo que le proveyó su casamiento, el nacimiento de su primogénito y su experiencia como vendedor de libros, fueron factores que se unieron, no solo para permitirle culminar sus estudios, sino también para sostener a la familia en esa dura temporada de su vida.

Trabajó por poco tiempo para la universidad, pero casi todo el tiempo se dedicó a vender libros con gran éxito. En ese proceso descubrió algo más, podía hablar con otras personas y decirles cómo podrían vencer sus propias dificultades. Así es cómo se lanzó a producir temas de enseñanza e inspiración, presentando conferencias en las escuelas públicas y privadas acerca de la prevención contra las drogas. Esa fue la oportunidad que tuvo para tener contacto directo con las necesidades de las personas y, a la vez, para identificar en él algo que sería y es, hasta el presente, una de sus grandes pasiones: hablar a las masas, impactar vidas e inspirar a su generación.

Esto provocó un deseo ferviente por superarse y ser mejor en lo que ofrecía, cada vez que tuviera oportunidad. Aunque en la universidad no sobresalió académicamente -salvo en su primer año donde obtuvo notas sobresalientes- pudo de todos modos desarrollarse y especializarse en diferentes áreas del liderazgo.

El poder de la determinación fue claramente visible en la vida de Richard. Eso se vio en los años de universidad pues se desempeñó como asistente del capellán, pasando por ser el director de vida estudiantil, hasta convertirse en el presidente del consejo de estudiantes. Cabe recordar aquí que el presidente estudiantil era el único alumno que podía ser miembro de la junta administrativa de la universidad. Esa era una gran oportunidad de desarrollo como líder, pero, a pesar de que algunos logros lo recompensaron, muchas veces estuvo a punto de tirar la toalla.

La carga financiera era pesada. Debía rendir como estudiante, seguir siendo jefe de su familia y hasta debía enviar dinero a su madre que aún vivía en su país. Para su tercer año estuvo a punto de ser expulsado de la institución por no poder cumplir con sus pagos. Nada le había sido regalado y hasta ese momento no había contado con la ayuda o misericordia de alguien.

En medio de una situación tan apremiante como esa, Richard pudo ver un enorme milagro. Le habían dado la noticia de que podría rendir su examen, siempre y cuando pagara la deuda pendiente de tres mil dólares. Hace veintidós años esa era una gran suma de dinero, impagable para alguien en la situación de Richard.

Era un viernes y el siguiente lunes serían los exámenes finales. De alguna forma que ni aun él entendía, había la certeza en su corazón

de que en esos dos días algo debía ocurrir en su favor. Ese día, cuando pasaba frente al correo lo llamaron para decirle que tenía una correspondencia por retirar. El sobre era anónimo, no tenía remitente, al abrirlo descubrió un giro postal de trescientos dólares junto a una nota que decía: "Dios es tu pastor, nada te faltara". Richard se sonrió, aunque bromeo consigo mismo diciendo: "¡Gracias Dios, solo que te equivocaste por un cero! ¡No son trescientos, sino tres mil! ¡Pero gracias, algo es algo!" Lo cierto es que esto le dio lo que el dinero no podía -esperanza- y eso no era poca cosa.

El lunes por la mañana se dirigió hacia la oficina de finanzas. Iba preparado para una nueva humillación. Era conocida la dureza con la que trataban a los que no tenían ayuda del gobierno o de otro tipo. Pidió entonces que le dieran permiso para rendir sus exámenes, aunque lo hizo por hacerlo. Estaba seguro de que no se lo concederían, por la sencilla razón de que no podría pagar su deuda en el tiempo estipulado y tenía muy pocas horas para reunir tal cantidad de dinero.

La señora encargada lo miró y le dijo "¡alguien te cuida!" y continuó diciendo: "Esta mañana temprano vino una persona que tú no conoces y pagó toda tu deuda". Eso dejó a Richard de una sola pieza. Pero no fue todo, la señora siguió dando su informe y agregó: "La persona dijo que te vio hablar en unas conferencias y sintió que debía poner un grano de arena, por eso vino a preguntar si tenías alguna deuda y pagó todo lo que debías". Richard no pudo contener las lágrimas. Como él, también nosotros debemos aprender a trabajar en equipo con Dios.

Puerto Rico fue su casa hasta 1999. En julio de ese año lo invitaron a dirigir una serie de conferencias en el estado de Nueva Jersey y también en distintas ciudades de los Estados Unidos. Ya no volvería a Puerto Rico, había comenzado la siguiente temporada de su vida.

Te hará bien no olvidar que…

1. Las verdaderas historias son tan verdaderas que, así como duelen, también enseñan; así como cuestan, también inspiran.

2. Nadie repara en la humildad, mucho menos cuando esta se viste de pobreza. Torpezas humanas… despreciar el contenido por haber menospreciado el empaque en el que viene envuelto.

3. Todos debemos nacer en el contexto de una familia que nos proveerá, entre otras cosas, alimento, pertenencia, identidad, seguridad, protección, acompañamiento, formación y futuro.

4. La desintegración familiar trae sus consecuencias que, por lo general, la deberán pagar los hijos.

5. No está bien que haya niños vagando por las calles, entrando en restaurantes, pidiendo en nombre de otros, solos y expuestos al peligro, explotados. No, eso no está bien.

6. La necesidad crea necesidades. En la necesidad nos sumimos en el lodo del lamento y la bronca o hacemos el esfuerzo por encontrar el otro lado de nuestras propias realidades y potencialidades.

7. Cuando las circunstancias no acompañan, con un simple deseo no alcanza.

8. La vida también consiste en no rendirse.

9. No puedo decir ser cristiano y no mostrarme como tal. No puedo

decir conocer a Dios y no darlo a conocer en la práctica de mi ética y mi moral.

10. La hipocresía religiosa se está devorando la necesidad y la honestidad de construir una relación con Dios. Religiosos hay muchos; practicantes, pocos.

11. Ten cuidado con juzgar con rapidez y liviandad la experiencia de fe de otra persona, incluida la de un niño.

12. No se puede vivir la vida usando odio como combustible.

13. Siempre habrá alguien que encuentre en mis defectos una razón para la risa y la burla más despiadada.

14. No se trata de conformarse con lo que uno es y tiene. El progreso y el espíritu de lucha para lograrlo están en nosotros y somos los únicos que no solo podemos descubrirlo, sino también ponerlo a trabajar.

15. Debemos aprender a trabajar en equipo con Dios.

Parte

Los procesos

Una parte que no podrás evitar

Capítulo 1

No sirves para nada

Y la vida siguió su curso con su forma y a su ritmo. En estos procesos siempre se construyen historias. Cada una es un mundo en sí mismo y aunque pudieran parecerse unas con otras, nunca son iguales, jamás sus protagonistas sienten lo mismo, valoran lo mismo, sufren lo mismo ni aprenden lo mismo. ¡Jamás! Por eso Richard, un poco sabiendo y otro poco viviendo, fue construyendo su propia historia.

Es altamente positivo que, en medio de la confusión y los dolores que le tocaron vivir, no haya seguido el camino de otros tantos en similares circunstancias. El alcohol, las borracheras, peleas, adicciones, drogas y el hacer dinero con ellas no fueron su elección. El mundo del hampa, la delincuencia y el crimen jamás se cruzó por su cabeza como opción de vida, ni siquiera como excusa o coartada perfecta para justificar los años de abuso y de odio que sufrió. Ninguno de estos fueron los caminos elegidos.

No debemos olvidar que, aun cuando ciertas cosas nos suceden sin consultarnos, en su gran mayoría nuestros actos y sus consecuencias no son más que el resultado de nuestras decisiones o, en su defecto, de la ausencia de ellas. Hay poder en las decisiones que se toman a tiempo y con mucha valentía. Está bien que sea así porque de esa forma, aunque sea en algo, se desalienta la tendencia que tenemos de culpar al otro.

Aunque esos caminos quedaran cerrados para Richard y no constituyeran una opción de vida, todavía se mantenían con vida varias cosas con las que Richard batalló desde su niñez. Una de ellas merece una porción importante de espacio en este capítulo.

Las marcas dejadas por el abuelo en el corazón de Richard fueron demasiadas. ¿Cómo explicar sus conductas tan propias de un desconocido y hasta de un enemigo, practicadas en contra de su propia sangre? ¿Cómo entender, si es que se puede, el nivel de desprecio y odio visibles en esos actos? ¿Cómo no detenerse al primer grito de dolor? ¿Qué tiene dentro de su alma quien lleva adelante semejante conducta? ¿Quién lo lastimo tan profundamente, como para que tomara venganza en sus seres queridos? La profundidad de los males que aquejan al ser humano es literalmente insondable.

De nuevo Richard y su abuelo. Reiteradas veces Richard escuchó de su boca con énfasis, como susurros o en forma de gritos, "¡No sirves para nada! ¡Nunca llegarás a ningún lugar! ¡Nunca serás alguien! ¡Serás como tus padres, basura ellos, basura serás también!" Atroz, inexplicable. Eran verdaderos mazazos que iban demoliendo y haciendo polvo, poco a poco, la estima, la valoración y la seguridad, no de un criminal o un desconocido, sino de su propio nieto. ¡Sí!, de su nieto. De pronto Richard fue empujado, por ser tan cercano a él, a debatirse y resolver asuntos de inseguridad, ansiedad, depresión, valoración y aprecio por su propia persona.

Por lo general, cuando se le dice a una persona algo y el que se lo dice es un familiar cercano, es muy posible que lo crea. La razón es simple y tiene que ver con quién es el que lo dice. Si es un amigo de la escuela o del trabajo, puede que no haya mayor inconveniente. Pero cuando son los padres o los abuelos, los efectos son totalmente diferentes y, de hecho, las consecuencias son inevitables. Los hijos y los nietos respetarán las opiniones de sus mayores, por lo menos por tres razones: porque vive con ellos, porque lo aman y porque ellos jamás les harían daño. ¡Jamás!

Pero no siempre esto es así. Por eso se sabe que la mejor forma de lastimar o herir a alguien a quien no se aprecia demasiado, es utilizando lo que se conoce como "los absolutos" con frases como "nunca harás nada bien", "jamás dejarás de equivocarte", "jamás llegarás a nada". No podemos hablar así y dirigirnos a nuestros seres queridos de ese modo y aún tener expectativas de que hagan bien las cosas. Precisamente por esto, Richard fue obligado a lidiar con los sentimientos propios que surgieron como resultado de la forma en que fue tratado por su abuelo.

Decir a otro que es un inútil, es una manera de darle a entender que jamás será como quien se lo está diciendo. Eso engrandece la figura de quien así habla. También empequeñece la figura y las posibilidades del que está en menores condiciones o en una edad en la que aún

debe resolver cosas importantes con su propia vida. Tenemos que entender que esta forma de ignorar y despreciar al otro es una manera indirecta, pero efectiva, de llevarlo a pensar que está vencido y decida no salir adelante. No sabes el alto poder destructivo que tienen ciertas formas de hablar a los demás.

Todos saben acerca del poder de las palabras. ¿Quién se atrevería a negarlo? Lo cierto es que, sean buenas o malas, tienen poder de afectar o modificar conductas, tanto en quien las expresa como en quien las escucha. Frente a palabras hirientes, dolorosamente debemos reconocer que hacen mucho más daño que el que puede producir un palo, una piedra o una correa; pueden dañar profundamente el espíritu de una persona vulnerable, como lo es un niño. Por eso no debiéramos cometer el error de ignorar sus efectos.

Las palabras hirientes contra un adulto o -con mayor razón- contra un niño, constituyen una forma de intimidación que no debe ser ignorada. Aunque quien expresa insultos piense que no producen nada en el otro, lo cierto es que la víctima percibe esas palabras como un mensaje que es cierto y contundente. Por ejemplo, cuando el niño escucha de sus propios padres palabras contra él, lo único que creerá es que esas palabras son verdad, aunque no sea así. De igual manera, un insulto también es una forma de definir a otra persona. Expresiones tales como "gordo", "deforme", enfermo", "estúpido", "No sirves para nada" y otras tantas, van debilitando la autoestima del niño, a punto de impedirle crecer y desarrollarse de manera saludable. Insultar es también una forma de definir al niño induciéndolo a creer que en verdad él es lo que ese insulto afirma.

Entre los roles que se espera que cumplan los padres, está el de modelar en el niño, por medio de las palabras y las conductas, una forma de verse a sí mismo y de ver la vida. Ese modelo será una referencia obligada e irremplazable al momento de definir sus posibilidades para enfrentar el futuro.

Richard no contó con ese modelo, las palabras hirientes fueron su pan de todos los días. Esta realidad lo expuso a la opción de tomar cualquier camino en su vida y no necesariamente el de la virtud, el amor, la salud, la superación y el desarrollo. Los adultos son causantes de ir extinguiendo la capacidad de la próxima generación, cada vez que se dirigen de modo despectivo e hiriente a sus hijos, nietos y niños en general, pensando torpemente que no habrá consecuencias y que todo quedará en "cosas de niños", que al hacerse grandes serán olvidadas.

Hubo días muy oscuros en la niñez temprana y adolescencia de Richard, no solo por palabras que hirieron su autoestima, sino también por los abusos físicos. Esta es una combinación diabólica: palabras que expresaban desprecio y acciones que literalmente lo demostraban. Combinación devastadora que hace estragos, tanto en niños como en cualquier ser humano. Era casi cotidiano eso de vivir entre abusos físicos y emocionales, lo que para Richard representó una verdadera complicación.

Hubo un día oscuro, horrible, de esos para olvidar. La abuela envió esa mañana a Richard a una tienda cercana a comprar unos plátanos para la comida del mediodía. Mientras Richard salía para hacer la compra, su abuelo apareció haciéndole uno de esos comentarios despectivos, tan comunes y cotidianos. Richard le respondió no muy respetuosamente. No era común que reaccionara así, pero solo era un niño cansado de ese hostigamiento constante.

Todo pareció normal. Richard fue a comprar los plátanos para su abuela, y de alguna manera los comentarios del abuelo se esfumaron de su mente. Comprando los plátanos descubrió dos apetecibles debilidades suyas. Así que no tuvo mejor idea de que, aparte de los plátanos, compraría un pedazo de cazabepan indígena -a base de yuca- y un poco de mamba -mantequilla de cacahuate-. Feliz con sus adquisiciones, emprendió el regreso a casa.

Jamás se imaginó lo que sucedería en los próximos minutos, y más teniendo en cuenta que su casa estaba tan solo a unos doscientos metros. Escondido detrás de una pared en el camino a casa lo estaba esperando su abuelo. Por supuesto, no era para darle las gracias por la comida para el almuerzo, sino para darle su merecido por haberle respondido como lo hizo y también por la compra extra que había hecho.

Lo tomó por sorpresa, pues de haberlo visto, Richard con toda seguridad y velocidad hubiese escapado de esa emboscada. Su abuelo lo tomó de una mano en medio de la calle, logrando así que no pudiera escapar. Entonces, delante de todos los que caminaban por esa calle, descargó una docena de azotes con su cinturón, impactando en el débil cuerpo de su nieto. Le propinó azote tras azote, unos con el cuero y otros con la parte de metal. Nada detuvo al insensible abuelo, ni los gritos desgarradores de una criatura, ni la sangre que inmediatamente comenzó a correr desde la cabeza de Richard.

El espectáculo era dantesco. El niño se retorcía de dolor en el suelo mientras que el abuelo hacía lo mismo, pero riéndose a carcajadas. No se trataba de un delincuente. Era un niño, su nieto, a quien el mismo

abuelo le estaba dando la peor de todas las palizas, delante de los ojos de todo el mundo. Como pudo, se levantó entre dolor, sangre y demasiada vergüenza para cargar sobre sus débiles hombros, y finalmente llegó a casa.

De nuevo y como un grito ahogado clamó a modo de pregunta "¿Dónde está mi papá?" Cabía cuestionar por qué no contaba con un padre que pudiera defenderlo en momentos como este. De nuevo el silencio patético, estremecedor, que precedía a la más dura y fría de todas las respuestas: su papá simplemente no estaba, su papá nunca estuvo. Eso pasó y nadie lo supo, solo el niño que lo sufrió.

Con tan solo nueve años y abandonado por sus padres, a la vida de Richard se sumaron los golpes e insultos del abuelo que constantemente le susurraban "no vales nada, no sirves para nada". Esto lo llevó a alejarse de las relaciones más importantes, sufrir y experimentar una soledad injusta y desesperante. No podía dormir bien porque sospechaba que, en cualquier momento, una nueva dosis de insultos y agresiones se podían desatar sobre él. La depresión infantil tiene sus razones para existir. Los insultos sistemáticos provocan un sentido de temor permanente, que hacen que el niño esté siempre a la defensiva, como esperando la mínima acción en su contra. Así, el silencio se convierte en su aliado y su miedo interior en su enemigo.

¿Qué otra cosa se debe hacer con los niños sino fomentar el bien integral para ellos? ¿Qué clase de enfermedad tienen los mayores para infringir en los niños y en sus hijos modelos negativos de vida? ¿Qué cuesta tanto entender? ¿Por qué socavar la identidad y la autoestima de esas criaturas? ¿Por qué condenarlos a enfrentar la vida sin armas para triunfar? ¿Cuándo entenderemos que, si los padres o los abuelos tratan así a sus hijos o a sus nietos, tal cosa es un permiso para que todo el mundo lo haga? ¿Cuándo entenderemos que los niños no necesitan dinero, sino todo aquello que promueva su bienestar, su valoración su autodefinición como ser humano que vale y puede ser feliz? ¿Por qué crear monstruos desde pequeños, si sabemos que la gran mayoría de los niños sometidos a esas torturas, elegirán el camino de la venganza y el odio? ¿Cuál es el placer y la necesidad de refregar en sus rostros que son gordos, feos, inútiles, no deseados o que no sirven para nada? ¿En verdad, es el niño el problema? La historia de Richard, como tantas similares a ella, constituye en sí misma una respuesta.

Capítulo 2

Violencia familiar

Sin dudas, el cuadro familiar de Richard era disfuncional y muy perjudicial para el desarrollo y adecuada formación integral durante su niñez y adolescencia. Al maltrato, hecho habitual por parte de su abuelo, se le sumaba otra situación no menos importante: la condición de vida de su mamá.

La vida que ella eligió vivir y las innumerables experiencias -unas más traumáticas que la otras- de las cuales fue protagonista, provocaron que la imagen de su mamá se degradara de modo importante en la vida de Richard. Si el modelaje de vida es dado del mayor al menor, del más viejo al más joven o de los padres a los hijos, ella como modelo ya era un fracaso rotundo. No es un pensamiento pesimista o fatalista, solo y sencillamente son descripciones de lo que increíblemente sucedió.

Un hijo cree, y con toda justicia, que su mamá debe ser solo para su padre. Pero ver a su madre estar con más de un hombre, no fue ningún modelo digno de ser imitado. La vergüenza y el deseo de desaparecer fueron sentimientos habituales en este niño. La horrible costumbre social de burlarse de situaciones como esta, usándola como escarnio contra las víctimas indirectas e inocentes, es algo de lo que Richard puede dar testimonio con autoridad. Además, estaba el agravante de que su padre hizo todo lo contrario a lo que básica, ideal y naturalmente debe ser y hacer un buen padre y esposo.

La madre de Richard era también una mujer golpeada. Las imágenes de esos crueles momentos en que su padre daba palizas a su madre, hasta casi dejarla muerta, quedaron grabadas en su mente. En una ocasión, cuando Richard tenía solo diez años, estando ya sus padres

separados, los vio juntarse a tomar demasiadas copas. Entrada la tarde de ese día, y encerrados en su habitación, ella quiso marcharse pero él se lo impidió. Ante su insistencia de querer salir él comenzó a golpearla. Sus gritos de dolor y desesperación eran desgarradores.

Como era de esperarse, Richard escuchó del otro lado de la puerta y con urgencia y terror intentó inútilmente abrirla y así salvar a su madre de otra típica paliza. Su madre estaba en real peligro. El pequeño Richard no lo dudó, se subió al techo y corrió hacia una de las ventanas por donde finalmente pudo ingresar al segundo nivel de la casa, exactamente donde estaba la habitación de su padre. De un salto abrazó a su madre que yacía desnuda en el piso, mientras su padre continuaba golpeándola con un tubo de metal. El abrazo del niño que protegía a su madre hizo que la furia del padre cesara y también el castigo. El padre abandonó la habitación y Richard debió ayudar a su madre a vestirse y a abandonar la casa. Tenía tan solo diez años.

Pero este no fue el único incidente. Las escenas propias de una familia totalmente disfuncional afectada por la violencia, ya eran espectáculos habituales para Richard y sus hermanos. Las crisis -aunque resulte difícil de creer- eran resueltas con lo que quizás era la mejor herramienta: la violencia.

Es muy preocupante y alarmante cuando a los niños los rodean solo modelos y escenarios de violencia. No solo que exista, sino que se la facilite y se la practique con tanta normalidad. Violencia de su abuelo hacia su abuela, de su padre hacia su madre y del vecino hacia la vecina. Esa era la realidad de Richard. Vivía rodeado de violencia, violencia por todas partes y en todas sus formas. Al parecer esa era la norma, por lo tanto, así debía ser la vida ¿Qué se podía esperar de esos niños una vez que crecieran? Como no podía ser de otra forma, este modelo monstruoso, decadente y destructivo hizo su efecto y sus estragos, de modo terrible, en la vida de varios de sus hermanos y sus familias.

El modelo de violencia practicado por padres y abuelos tuvo su reflejo en la relación y convivencia de Richard y sus hermanos. Lo común en unos, se hace común en todos. Discusiones, pleitos y violencia entre ellos se hizo normal y constante. Pudo haber sido la misma historia con Richard, pues temprano en su vida, la violencia que, para algunos era solo "cosas de niños", en realidad no era más que la efectividad de la transmisión indirecta de un modelo. Los adultos establecieron un patrón de conducta y convivencia. Era de esperar, entonces, que los hijos y hermanos lo repitieran y practicaran entre ellos. "Violencia engendra más violencia", alguien dijo y tiene razón.

De nuevo se hace necesario advertir de la influencia negativa, nefasta y mortal, que estas conductas ejercen sobre los hijos. Cuando un niño debiera acostumbrarse a ver a papá y a mamá de la mano, sonriendo y dando su vida por sus hijos, a Richard en cambio le tocaba ver a su mamá siendo desfigurada por su papá. El niño se encontraba en la obligación, natural e instintiva, de arriesgarse para arrancar a su madre desnuda de las manos de su padre. Ese es otro modelo, otro escenario y, por supuesto, con otras consecuencias.

Jamás Richard en toda su vida -y a pesar del modelo con el cual creció- avergonzó o golpeo a una mujer. ¡Jamás! El modelaje de violencia del que fue testigo provocó una reacción y una actitud de vida diferente, convirtiéndose en un celoso protector de la vida y la integridad de la mujer. El haber vivido en un modelo distorsionado de matrimonio y familia, lo condicionó de tal modo que debió vivir experiencias duras en el inicio y construcción de su propia estructura familiar. Por eso no todo salió bien en su futuro, factores y detalles a los cuales no prestó atención hicieron que Richard sufriera sus propios dolores matrimoniales y familiares, lo que afectó su hogar, trabajo, estudios y relaciones interpersonales.

Debió luchar más que el promedio para superar sus propios retos, cumplir sus obligaciones, reconocer sus situaciones, tomar sus decisiones y lograr salir adelante. Fue una etapa dura y necesaria, que jamás hubiese podido superar practicando ese modelo de vida familiar. Por lo tanto, todos debemos tarde o temprano sanar nuestra vida y nuestra mente para tener oportunidad de movernos a un siguiente nivel de progreso. Sin embargo, para que haya sanidad se debe reconocer la enfermedad y tener voluntad para cumplir con el tratamiento necesario. Y a Richard le tomó tiempo entenderlo.

Capítulo 3

Decisiones

Para el verano del año 2001 -poco antes de que las torres gemelas fueran derribadas en aquel doloroso 11 de septiembre- el matrimonio de Richard colapsó. A pesar de todos los intentos por salvarlo, en el verano del 2006 la separación final fue inevitable. Un poco de inexperiencia y otro tanto de irresponsabilidad, provocaron que su proyecto matrimonial no prosperara. Ahora bien, siempre en un desenlace como este las responsabilidades son compartidas. Aun así, Richard no supo cómo manejar este tipo de crisis ni entendía demasiado el reto que la convivencia conyugal le exigía. Esto provocó que su matrimonio se acabara.

Lo cierto es que arrastraba un problema de base, que no era otro que el modelaje recibido. Todo en la vida funciona por modelaje, del viejo al joven, del maestro al alumno, de los padres a los hijos. Richard no tuvo un modelo de referencia saludable. La crisis permanente en la que vivían sus padres como esposos e, incluso su querida abuela que, para él era un ángel, mantenía con su esposo una relación literalmente desastrosa, lo condenaron a vivir sin modelos referentes adecuados y significativos. Nunca tuvo por parte de sus padres o abuelos ningún ejemplo que lo inspirara y ayudara de alguna manera. Se hace difícil crecer saludablemente cuando no se cuenta con la influencia ni el beneficio de pertenecer a una verdadera familia.

Un inconveniente adicional es permitir que personas extrañas al sagrado círculo familiar, ejerzan un protagonismo e influyan en situaciones que son inherentes a la familia. Cuando todos opinan, pocos deciden bien. Todo esto hizo que Richard batallara de manera habitual con la inseguridad, la ansiedad, la depresión, el miedo y la falta de autovaloración.

En esos días, Richard era el líder de un ministerio en el estado de Nueva Jersey. También era el director de un programa radial que se había vuelto muy popular en la ciudad de Nueva York. Estas dos actividades le demandaron tanto tiempo, que no logró ver la inconveniencia de una vida tan agitada. Es que había seguido un consejo, errado por supuesto, que le dieron mientras estudiaba: debía consagrar al trabajo sus primeros diez años, luego, según le explicaron, habría tiempo para la familia. ¡Error! Los resultados estaban a la vista. Es muy difícil, quizás imposible, que sigas teniendo familia, luego de tantos años de haberla descuidado sistemáticamente.

Está claro que uno de los responsables de su crisis matrimonial y familiar, fue el éxito que estaba obteniendo. Todo estaba saliendo muy bien en su trabajo. En parte, eso era motivo para alegrarse y sentirse satisfecho. Pero era tan solo una pantalla, lo triste no se veía, nada en su vida personal era tan exitoso como su trabajo y esto trajo sus lógicas consecuencias al cabo de un tiempo.

Lo sucedido con él, no difiere demasiado de lo que sucede hoy. Son tragedias que se parecen y mucho. Cientos, si no miles, hay que trabajan arduamente, con honestidad y dedicación, sin darse cuenta de que muchas veces incurren en una exageración mortal de dedicación casi exclusiva a sus emprendimientos laborales, con la idea de que de ese modo "tan sacrificado" están asegurando el futuro de sus familias. Es posible que el futuro económico esté asegurado, pero no siempre el futuro familiar correrá con la misma suerte. ¡Cuidado! Puede que, al terminar de asegurar ese futuro económico, ya no tenga familia a su alrededor porque la ha perdido.

Es que guste o no, hay procesos que parecieran repetirse cíclicamente en la vida de muchos seres humanos. Cuando eso sucede, buscan encontrar las razones por las que esto es así y se hace una necesidad demasiado importante como para ignorar. Una de esas razones es no haber aprendido la lección la primera vez que se vivió o sufrió una determinada experiencia. Lección no aprendida, es igual a lección repetida.

En la vida de Richard eso tuvo su efecto, su problema no era otro que su indisposición o incapacidad de reconocer que todavía arrastraba secuelas de sus problemas no resueltos en su pasado. En parte esto obedecía a la triste realidad de no contar con un amigo disponible e incondicional, con el que pudiera hablar sin tener miedo a ser dañado.

No puedes ir por la vida sin contar con ese amigo que te dará el consejo adecuado u oportuno cuando lo necesites, que velará por tu

bienestar y no necesariamente por tu estado de ánimo. Ese amigo que siempre te dirá la verdad, aunque duela. Esa fue una necesidad para Richard y quizá también para parte de nuestra sociedad.

La vida Richard continuaba. Nuevas etapas, nuevas decisiones, nuevas obligaciones se avizoraban en su futuro cercano. Todo era incertidumbre y, de alguna manera, todo estaba como organizado para que nada saliera bien, que todo fuera mal. No había padres ni abuelos en quien apoyarse, tampoco matrimonio, aunque sí había muchas responsabilidades. Ya no solo se trataba de él, sino de él junto a sus tres hijos que ahora estaban bajo su custodia.

Los días eran duros, la vida bastante injusta, la soledad dolía demasiado, pero a diferencia de su propia experiencia, sus hijos fueron su oxígeno en medio de tanta asfixia, fueron su gran bendición entre tantas malas noticias. La relación de Richard con sus hijos no iba a repetir su propia y dolorosa historia. Richard se encargó de que no fuera así.

Cuando todo se ve oscuro en la vida, lo importante no es hacer cosas para adentrarse aún más en la oscuridad, sino todo lo contrario. Es el momento de buscar esos puntos luminosos, seguirlos y aprender de ellos. La oscuridad tiene sus enseñanzas, es por eso por lo que muchísimas veces las mayores y mejores lecciones se aprenden de las peores experiencias que se hayan vivido. También es notorio que cada uno en su desgracia o problema busca los consejeros adecuados para enfrentar y superar su prueba.

En ocasiones, a falta de buenos consejeros disponibles, la búsqueda se orienta de otra forma o hacia otro lugar. Richard no tuvo esos consejeros, por eso buscó, un poco desesperado y otro poco inconsciente, en su pasado. Sí, hasta allí fue buscando las herramientas necesarias, si es que las había, para lidiar con los desafíos duros de su presente. Aun cuando pudiera ser juzgado por una decisión de esas características, se puede entender que un muchacho sin el amparo, el consejo y la orientación de sus principales mentores, como debieron ser padres o abuelos, saliera en búsqueda, un tanto desesperada, a encontrar la forma de acabar con un presente injusto, doloroso y atemorizante.

Lo cierto es que en ocasiones su búsqueda le funcionó y en otras simplemente no. De todos modos, siguió buscando intensamente una sola cosa y era que el barco de su vida no se hundiera. Sus inmensos esfuerzos no eran el resultado de algo mecánico, sin sentido o sin vida. ¡No! Eran la consecuencia de algo poderoso que tenía firmemente sembrado en su corazón.

Era una visión y también una decisión. Solo debía procurar por todos los medios y con todas sus fuerzas estar y mantenerse de pie cada vez que, en la pelea por su futuro, le hubiera tocado caer nuevamente al piso. Es inspirador que, si finalmente el resultado de sus esfuerzos en cualquiera de las áreas de su vida acabase en un gran fracaso, no fuera porque no luchó o porque no lo intentó.

Esto fue determinante ya que para ese tiempo Richard tenía en su corazón, más clara que nunca, la visión para su carrera y su vida. Entonces, gracias a una serie de decisiones estratégicas fue posible que en al año 2006 creara su propio equipo de trabajo, el que finalmente para año 2012 se convirtió en la corporación que hasta hoy preside.

Capítulo 4

Soñar

Algo propio de los sueños es que siempre se mantienen seguros en el corazón, sin importar demasiado lo que el soñador esté pasando o sufriendo; nadie podrá matarlos jamás salvo el que los tiene, el mismo soñador. Esto nos pone de frente a una realidad y es que sin importar si son grandes o pequeños, importantes o intrascendentes, son sueños y todos los tienen. Jamás será distinto.

Por dolorosos e injustos que fueran los días de Richard, la máquina de sus sueños trabajaba a pleno, sin descanso. Cada momento difícil era en sí mismo una oportunidad para no olvidar sus sueños y de ese modo impedir que nada ni nadie los dejara sin vida.

Un fenómeno habitual que se ve bajo el cielo es la mortandad de sueños por todos lados. Situaciones económicas, sociales y políticas, en complicidad con cierto pensamiento fatalista, están provocando que muchos claudiquen, se rindan y entreguen su derecho a soñar, La razón es sencilla: según describen lo que sufren y viven, no valdrá la pena seguir soñando. ¿Es justo? ¡Claro que no! ¿Puede ser distinto? ¡Claro que sí! El error más habitual que se comete es una forma muy particular de razonar, un cálculo algo así como "suma de circunstancias difíciles es igual a imposibilidad permanente".

En ese contexto y considerando todas las situaciones duras, injustas y abusivas de las que Richard fue víctima, su suma de circunstancias solo daría como resultado que no podría hacer nada por alcanzar sus sueños; por ello debería conformarse con las miserias a las que otros lo condenaran. Soñar no solo es gratis,

también y principalmente es una necesidad, personal primero y social después. Lo que uno decida hacer con su vida tendrá indefectiblemente su impacto, su efecto y su lectura en las demás personas y en la sociedad como un todo. Por eso una vez descubrió ese derecho, le fue imposible dejar de soñar.

Soñaba algo tan simple como necesario: ser diferente. Él creía firmemente que, si no era mejor que sus padres, el mundo habría perdido con él cuando lo recibió para que viviera su vida. Un sueño es la diferencia entre vivir y morir en el dolor, la injusticia, el abuso, las limitaciones y el pararse un día en la cumbre de los logros más sagrados, la dignidad, la libertad y el progreso integral. Él no podía permitirse el no inspirar y no empujar a sus hijos a superarse y a que fueran mejores que él. Ese sería su mejor logro.

Somos el resultado de lo que hemos vivido y de cómo lo hemos vivido. Todos, nos guste o no, estamos en medio de un círculo de influencia. Si ese círculo es rico, sin problemas y todo lo tiene en la mano con solo pedirlo, la persona recibirá esa influencia y deberá decidir cómo vivirá su propia vida. Si el círculo es pobre, limitado, con problemas de todo tipo, injusto, relegado, abusivo e incapaz de acceder a lo más básico para su subsistencia, del mismo modo, la persona recibirá esa influencia y deberá más tarde -inexorablemente- decidir cómo vivirá su propia vida.

En ambos modelos, según ha sido demostrado a lo largo de la historia, algo puede perderse en ese juego: dignidad, ética o principios. El que tiene porque tiene, desprecia y levanta murallas alrededor de él que lo hacen inaccesible. El que no tiene porque no tiene, envidia y reacciona para demostrar que vale y en lo posible para arruinar al que tiene. Eso constituye un verdadero círculo vicioso, un juego perverso que se retroalimenta permanentemente, haciendo más grandes las distancias entre todos los seres humanos.

Richard fue de los que "no tienen". Tuvo la opción de repetir los infructuosos ejemplos paternales en algunas áreas y sufrió en carne propia las limitaciones económicas y sociales más increíbles, que bien lo habrían justificado para reaccionar, juzgar y destruir del mismo modo a otros. Pero no fue ese su caso, de nuevo sus decisiones hicieron un ejercicio personal, comprometido, inteligente y saludable.

En un contexto de vida y experiencias dolorosas, entendió -por lo tanto, decidió- que la vida solo valía la pena vivirla, sin olvidar los valores y los principios más básicos, los que siempre resumió

de esta manera: vivir para ti es lo más fácil, pero es la fórmula equivocada; vivir para los demás y procurar de todas formas hacerles el bien, es la fórmula correcta. Nadie debiera olvidar que se vive mejor cuando se contribuye para que las vidas de quienes les rodean sean mejores. Eso fue clave para Richard y esa es la clave para que todos vivamos mejor.

La convicción de Richard era muy firme. Si él podía superarse a sí mismo, si tomara acciones que ciertamente lo empujaran a otros escenarios de vida, no lo dudaría; sabía que esa convicción podría ser la gran diferencia para el mejoramiento de la vida de sus seres queridos. En ciertos momentos difíciles y con mayor razón el convencimiento personal es fundamental y necesario. Eso fue exactamente lo que ocurrió en esa etapa de la vida de Richard, tanto su mundo como el de los demás podría ser mejor, una mejor condición de vida, un mejor lugar para vivir. La clave era a todas luces poderosa: ser una mejor persona, cosa posible de lograr y vivir y con ello haría una contribución emocionante para que todos pudieran ser mejores personas de lo que ya eran. Se puede ser mejor, basta con tomar la decisión.

Su pasión por la lectura lo ayudó en la conformación de una visión clara para su futuro de una manera decisiva. Fue en ese ejercicio que regresó al texto de un libro que lo había impresionado, cuando tenía catorce años. El autor -Braulio Pérez Marció- proponía en su libro "La Conquista del Éxito" un conjunto de cartas escritas por un padre a su hijo. En parte, esa lectura suplió un gran vacío en su vida, tenía un padre que no ejercía paternidad y precisamente fue, en esa especie de orfandad de padre, que varios de los consejos allí escritos le resultaron una ayuda muy significativa.

Uno de esos consejos, cuyo efecto continúa hasta hoy y que fue revolucionario y esperanzador, fue que soñar es fácil, bueno, necesario, pero que no queda allí, hay que perseverar, intentar y volver a intentar, perdonar y entender que para lograr el sueño debes entregarte a él por completo. Quedó grabado en él el ejemplo inspirador de lo que hacen los famosos cadetes de West Point en USA y que se resume en este consejo: "Cuando vayan por un camino y encuentren una montaña, pásenla por arriba, por los lados, por debajo o por el medio si fuese necesario, pero pásenla. Jamás se rindan frente a ninguna montaña".

Hasta el día de hoy, aún puede recordar las palabras de un poema, una historia increíble que escuchó muy temprano en su vida: "El Cóndor y el Caracol". Cuenta la historia que un vanidoso cóndor le dijo a un humilde caracol: "¿Ves esa montaña tan alta como el

sol? Esa es una cumbre andina y hasta su propia cima solo sube un cóndor como yo". El caracol que ni siquiera podía ver la cumbre que el cóndor le señalaba, le dijo: "Suba su majestad, que yo lo seguiré y a la cumbre subiré". El cóndor, habiéndose olvidado de la existencia del caracol, descansaba en la cumbre, cuando de pronto y en estado de shock vio al caracol que, haciendo un último esfuerzo, subía a la cumbre. "¡Atrevido!", le dijo el cóndor y luego preguntó: "¿Cómo has podido?" El caracol muy tranquilo le respondió "comencé a subir, retrocedí, volví a intentar, perdí el sentido, retrocedí todo lo que había subido, pero volví a subir, en mi cuerpo llevo marcadas las piedras del camino. ¡Tú ya no eres el Señor de las alturas! ¡Hay otros que como yo se arrastran, pero suben! Tú vuelas, yo me arrastré ¡pero subí y llegué! ¡Todos suben compañero, todos suben!" Richard había entendido que, aunque fuera arrastrándose, había una cumbre que esperaba que él subiera y no descansaría hasta lograrlo.

Capítulo 5

Sueños y fe

Aunque ya llevaba cierto tiempo practicando su fe en Dios, también en esto hubo aprendizajes. La mayor de todas las claves fue su fe en Jesús. Es por eso por lo que debió entender las diferencias existentes entre la fe como religión que habla de Dios y la fe como una relación que conoce y camina con Dios. La religión como institución termina convirtiéndose en un factor que coloca, a quien la profesa, en contra de Dios, su persona y su mensaje.

La culpa no es de Dios, sino de quienes dicen que deben administrar los asuntos de Dios delante de los demás seres humanos. No es nuevo eso de que todo lo que el ser humano toca lo contamina. Tal fenómeno se comprueba también en el mundo de la fe, que cuando es promovida por intereses estrictamente humanos, no faltan requisitos que obedecer y rituales por cumplir, solo para que al final de la experiencia la persona siga sintiéndose tan pecadora, como cuando comenzó y tan prisionero de artilugios humanos, que asfixian la verdadera libertad dada por Jesucristo.

Por el contrario, cuando la fe en Dios es construida en una relación intencional con él, el sentido de libertad se disfruta a pleno y la visión y el desarrollo personal de quien así lo práctica, se convierten en un derecho concedido por Dios. Así, creer que "todo es posible" se vuelve una práctica apasionante de todos los días, pues no será posible alcanzar los sueños sin Dios y sin él, aunque los logros pueden ser una realidad, carecerán del sentido de solidaridad, bienestar al prójimo y dignidad.

Con Dios los sueños pueden alcanzarse, pero se requiere determinación, esfuerzo, lágrimas y sacrificio. El resultado no solo

será el disfrute de lo que se logra, sino también que el bienestar del prójimo y la solidaridad inmediata hacia él, se convertirán en un estilo de vida.

Por eso Richard decidió no rendirse y se prometió a sí mismo que jamás lo haría. ¡Jamás! sería su opción. Soñó, creyó y trabajó duro, esa fue su parte. Su fe en Dios y su relación intencional con Él, hicieron el resto.

La relación con Dios trasciende lo estrictamente religioso. No se trata de cumplir aquello que un sistema imponga, para de ese modo tener acceso al favor de Dios. No se trata de ritos ni programas. Simple y poderosamente es una relación que se inicia por necesidad y se mantiene por decisión propia. Así, entonces, no existirá ningún proceso de la vida, por duro o malo que sea, que no sea vivido y aun afectado por los efectos propios de experimentar una relación. Un ejemplo claro de esto son los esposos "en las buenas y en las malas siempre juntos"; el vivir esa clase de unidad los hace beneficiarios de cosas que jamás disfrutarían si estuvieran separados. El calor, el aliento, el consejo, el estímulo, el apoyo, el abrazo y el amor son virtudes propias del estar cerca, de tener y mantener una relación. Lo maravilloso de eso es que, aunque todos falten o desaparezcan, ellos dos siguen y seguirán juntos.

Es el poder del amor, es el poder de una relación, es la maravilla de un acuerdo. Hacia finales del año 1987, sucedió algo que hasta el día de hoy Richard recuerda con precisión. La noche del 31 de diciembre jamás será olvidada. Hacía pocos meses que había decidido dar sus primeros pasos en dirección a una relación con Dios realmente seria. Nunca como esa noche Richard había probado la triste realidad que le tocaba vivir: estar solo a pesar de tener familia. Solo. Soledad. Una definición sencilla y popular dice que soledad es ese "sentimiento de tristeza o melancolía que se tiene por la falta, ausencia o muerte de una persona".

Era una clase de tristeza demasiado inexplicable. Allí, a minutos de llegar un nuevo año y cuando la celebración familiar era lo que se imponía, Richard estaba solo sentado en la pequeña sala de la casa de su abuela. Estaba en soledad, como si un ser querido se hubiera muerto. Cuando en determinados momentos de la vida uno se percata de que está absolutamente solo, que no hay nadie más con uno, el sentimiento es angustiante al punto de que se hace difícil de explicar y muy complejo de sobrellevar.

Tenía padres, pero ausentes como siempre. La tenue luz de la habitación de su abuela decía que ella estaba durmiendo desde

temprano. Sus hermanos y hermanas estaban en algún otro lugar del barrio. Él se encontraba solo, en una fecha como esa, cuando lo típico era estar en familia y celebrar juntos. El barrio era una sola fiesta en las calles, los colores vivos y la música siempre presentes para justificar los grandes bailes, los tragos excesivos y todo lo que de eso se derivaba; fiestas como esas obligaban a que todo el mundo hiciera lo imposible para no faltar. Todos menos Richard estaban celebrando. Él estaba en la casa solo y llorando sin saber exactamente por qué. Pero a pesar de todas las ausencias, de una cosa estaba seguro: Dios lo estaba acompañando.

La falta de compañía humana fue la oportunidad perfecta para que Richard experimentara la compañía de Dios. En medio del sufrimiento y la soledad de esa hora, tomó una decisión y clamó a Dios: "¡Ayúdame a que algún día pueda tener una familia real! ¡Ayúdame para que sea diferente a lo que fue mi propia familia! ¡Ayúdame a no necesitar todo lo que a mi alrededor se hace para poder ser feliz! ¡No quiero la felicidad corta a la que tantos se acostumbran! ¡Quiero algo diferente!"

Hay cuestiones que solo se aprenden en la soledad, incluida la necesidad y la búsqueda de Dios. La noche de ese 31 de diciembre marcó un hito en su vida y aprendió una verdad que lo ayudaría por el resto de su vida: hay cosas que pides a Dios y que puede que luego las olvides, pero Dios nunca las olvidará. El problema somos los seremos humanos, se nos hace fácil olvidar nuestras promesas.

Capítulo 6

Todo mal

La vida tiene mil momentos, mil situaciones, ninguna es exactamente igual a las demás, al punto que nadie vive esos momentos como lo vive su vecino. Nadie. Vendrían más desafíos para Richard. Como a cualquier mortal, de forma natural e inesperada, a sus logros se les sumarian momentos muy difíciles, duros, dolorosos y preocupantes, momentos personales que debían ser enfrentados y superados.

A veces sucede que ciertos éxitos en la vida envuelven a las personas con una supuesta inmunidad, que los hace ver como superiores y distintos a los demás. Sus alcances, logros, progresos y estilo de vida generan en quienes los miran y admiran, la sensación de que han logrado resolver todo y que ya no batallan con esos problemas insignificantes con los que luchan a diario los seres humanos comunes y corrientes. Esa percepción permite que, vez tras vez, cometan el mismo error de sacarlos de su humanidad, vestirlos de cierta deidad perfecta, santa, inmune, olvidando que también son humanos, que sus cuerpos se duelen y enferman, que sus vidas se acaban, que son frágiles, que lloran, ríen, duermen, se cansan y que tienen las mismas necesidades fisiológicas que cualquiera de nosotros.

Richard no era un millonario a esta altura de su vida, pero demasiado bien iban sus cosas a pesar de todas las demás situaciones. La lógica o el sentido común hacían pensar que ya no tendría retrocesos, que muchas situaciones superadas deberían permanecer en el pasado, pero más allá de esa lógica del razonamiento, lo cierto es que el día de Richard volvió a hacerse noche.

La alegría se fue de vacaciones y el éxito aparente se hizo fracaso,

amargo y triste. El impacto fue importante. Luego del colapso de su matrimonio, su fe -esa que le había sostenido de modo maravilloso e inspirador en todo su andar hasta esos días- comenzó a flaquear, hasta el punto de comprometer su relación con Dios.

Comenzaron días más difíciles, aquellos en los que se llega al punto de no querer tener una relación con Dios o, aun peor, querer alejarse de él. Alejarse es diferente a no tener una relación, es doloroso y mucho más peligroso. Así que, sin la contención y defensa de la fe en su corazón, las cosas que ocurrirían de ahí en adelante en la vida de Richard, eran previsibles. Los principios que marcaron el rumbo de su vida en el último parecían haber desaparecido.

Por varios años, la palabra que definió su andar no podía ser otra que "irresponsabilidad". A diferencia de sus padres, no entró al mundo de las drogas ni del alcohol ni mucho menos de la delincuencia o el crimen. No, no fue ese su camino. Su lejanía de Dios y su actuar irresponsable tuvo su expresión en la forma de tratar a las mujeres.

En su divagar impulsado por la necesidad de llenar un vacío enorme en su interior, hirió a cada mujer con la que hizo intentos por iniciar y consolidar una relación. El problema de fondo era que Richard transitaba por un momento de su vida en el que no tenía ninguna intención, deseo, ni ganas de rehacer su vida. Un sentimiento de "todo me da igual" se hizo fuerte en su conducta, aun cuando fue una mujer -su abuela- la que lo salvó de desgracias mayores, su pérdida de confianza en el sexo opuesto era abrumadoramente visible. Para él, las mujeres ya no eran creíbles. De alguna forma –y un tanto tardía, por cierto– la imagen distorsionada que dejó la conducta de su madre estaba haciendo su efecto.

No podemos negar ni ignorar la influencia de los padres sobre los hijos, mucho menos cuando esas conductas dejan tanto que desear. Richard comenzó a vivir en esos años al día, inexplicablemente ya no quiso pensar ni planificar a futuro. El "hoy" era su día y no había nada después de eso y si lo hubiera no le interesaba. Cambió el pensar por el sentir y se hizo devoto del aquí y el ahora.

Existen momentos clave en la vida de todos los seres humanos en los que, poco a poco, pueden ser empujados a un encierro trágico, por una combinación letal de circunstancias, injusticias e infamias. Es así como el egoísmo se convierte en una decisión inmediata, funcionando como una especie de extraño mecanismo de defensa, que permite dos cosas al que lo experimenta: no seguir sufriendo más de lo que ya ha sufrido o lograr que otro, sea quien

sea, comience a cargar ese sufrimiento. Esto es inaceptable, pero también es tristemente entendible.

Como le sucedió a Richard le puede suceder a muchos. Por algún lado, en algún momento, en alguna circunstancia o contra alguna persona se necesitará descargar todo el dolor que se lleva adentro.

El problema no es descargar los sentimientos, sino contra quién se hace. Richard lo experimentó en carne propia. No solo lo dañó a él, sino también a tantas personas con las que le tocó compartir.

Cuando no se tienen resueltos algunos conflictos de fondo, es muy posible que estos se mantengan vivos y sigan afectando aun con el paso de los años. Por otro lado, este fenómeno influirá, como por efecto de arrastre, en las relaciones personales y los negocios o trabajo que la persona desarrolle.

Entre los años 2000 al 2007 Richard ya se había consolidado como un conferencista realmente exitoso. Esto le permitió ganar mucho dinero, tanto por los honorarios percibidos por sus múltiples conferencias, como por las ventas de su primer libro. Se puede practicar un combo perfecto de éxito en el arte de la oratoria, la elocuencia y la escritura y alcanzar el éxito, que se puede convertir en una mala pasada o experiencia. Esto le sucedió a Richard. Otra vez la imagen exterior no armonizaba con su real condición interior.

No se pueden ignorar los síntomas que denuncian un ser interior herido y presumir estar bien, a pesar de todo. Tarde o temprano lo que no sirve saldrá a la superficie. Tarde o temprano la infección se hace ver y obliga a quien la tiene, a hacer un alto para darle su debido tratamiento.

Lejos de volver a mostrarse con humildad frente a sus propios logros, Richard amó demasiado los vítores, los aplausos y los reconocimientos. Entonces se dijo a sí mismo "después de todo el pobre niño no es tan malo", y se creyó lo que no era. La combinación de aplausos, éxito y abundancia hizo lo suyo. Ya no se desesperaba ni esmeraba por ayudar, le daba igual. Ahora el interés era ganar, poseer y amontonar para él. El Richard generoso, comprensivo y solidario se estaba convirtiendo en una triste imagen fantasmal de lo que fue y que no quería seguir siendo.

No todos están preparados para conquistar las cumbres o las alturas. Para quienes nieguen la necesidad de entrenarse, las alturas harán estragos en ellos. No son pocas las noticias de quienes murieron

intentando alcanzar la cumbre y también de otros que siendo nada para la sociedad, sin recursos para realizar sus sueños, no solo los alcanzaron, sino que también murieron en la cumbre de sus éxitos.

La caída es horrenda, indescriptible, triste y vergonzosa. Richard se dio cuenta de su desvarío y de que no podía seguir así. Por eso pidió ayuda a esos amigos que le dijeron "cuenta conmigo", pero no obtuvo nada de ellos. No eran muchos los puertos adonde pudiera ir por provisión, el mundillo de los negocios era demasiado competitivo y fácil para la traición. La caída de uno sería la oportunidad para otro, por eso debió resignarse a no encontrar una mano que le ayudara en ese ámbito. Es propio de la competencia humana que alguien cargue un cuchillo para usarlo contra las espaldas del otro, aunque diga ser un amigo. Es el mundo de la desconfianza. Así es, a menos que alguien sea quitado de la escena, no podrá brillar la luz de otro que esté desesperado por trascender. Todos quieren llegar, pero solo uno deberá ganar. Es una regla infame que sin misericordia se estaba aplicando en Richard ahora.

El proceso fue amargo en extremo. Estaba tocando fondo. Y aunque jamás se le pasó por su mente que alguna vez llegaría allí, con dolor y con muchas lágrimas lo tuvo que reconocer. Muy dura fue esta etapa. La depresión dejó de ser una utopía o una experiencia ajena, había entrado a su vida sin golpear la puerta y, según se puede ver, acababa de instalarse cómodamente para controlarlo todo.

Pero siempre hubo un margen, un espacio, un puñado de esperanza. Consciente de lo que vivía y de lo bajo que había caído, también tenía muy en claro una cosa a pesar de sus propias contradicciones: no aceptaría nunca vivir ni morir en una cueva. Por eso, aun sin entenderlo todo, continuaba trabajando y cumpliendo con sus obligaciones habituales.

El problema no era el "durante" sino el "después", cuando regresaba y a su habitación y se volvía a encontrar a solas consigo mismo. Ahí era cuando todo se hacía más difícil. A esta altura de la vida está demostrado que si algo todavía debemos superar los seres humanos es nuestra soledad. Qué hacemos, qué pensamos o qué decidimos cuando nos obliga a convivir con ella.

Capítulo 7

Los hijos

Motivar no es otra cosa que "dar o tener un motivo" para hacer algo. La desmotivación a todas luces no es aconsejable. No tener un motivo o una razón para vivir es, como mínimo, peligroso e insalubre. El poder del costumbrismo, la monotonía, del "todo es igual" o del aburrimiento es una forma de ocio que exaspera, encierra y asfixia. Buena parte de los días de Richard para ese tiempo carecían de motivación. Sin embargo había un motivo sagrado, único e irremplazable: sus tres hijos. Sus tres tesoros Richard Javier, Richard Gabriel y Rey Emmanuel. Tres motivos poderosos para sacar fuerzas de donde ya no tenía; tres razones para irse a dormir y levantarse por la mañana. Debía sacarlos adelante y, en tanto de él dependiera, evitar que se repitiera la historia de su abuelo y en parte la suya propia.

La época no era la mejor. Era, si se quiere figuradamente, demasiado oscura, pero sus hijos eran tres puntos luminosos que le dieron y mantuvieron con vida su razón, su motivo para vivir. Él pudo haberse conformado y convencer a sus hijos de que las cosas no estarían mejor de lo que estaban. Pero no, a cambio de eso hizo lo imposible haciendo su mayor esfuerzo para que ellos estuvieran mejor en el proceso.

Un detalle maravilloso, en la relación de Richard con sus tres muchachos, se dio por la decisión de estar con ellos y no ser un padre ausente. Él ya sabía y mucho acerca de eso. Por eso y por los próximos años, Richard siempre andaba con ellos. Era tal la relación, que sus hijos desde pequeños viajaban con él por diferentes lugares del mundo, colaborando en las conferencias, las cruzadas y las ventas de sus materiales. Sus hijos no fueron espectadores de la vida de su padre, sino que compartieron cartel de actores

principales junto con él. Ellos eran su motor, su motivación para despertar cada día, lo que hizo que Richard tomara la decisión más determinante de la vida: ser el mejor padre del mundo, el mejor y más digno modelo que ellos tuvieran para seguir.

Esta convivencia única y con propósito provocó que Richard hiciera nuevas reflexiones y tomara nuevas y necesarias decisiones. Por amor a ellos debió regresar a su pasado para encontrar respuestas definitivas, que todavía tenía pendiente darse a sí mismo, referentes a su estima, identidad y valoración personal. Inmediatamente se dio cuenta de que el odio hacia su abuelo no solo lo consumía por dentro, sino que le dificultaba notablemente su manera de relacionarse con los demás. El no haber tenido papá y mamá presentes para acudir en su auxilio, era una razón para trenzarse en luchas inútiles contra él mismo.

Demasiadas "habitaciones" en su memoria estaban bloqueadas, cerradas con suma seguridad y debió atreverse a vencer el miedo que le impedía abrir esas puertas y resolver el problema. Aunque no debía justificar semejantes conductas de sus padres hacia él, pudo entender por qué actuaron de esa manera. Así, el perdón hacia sus padres dejó de estar retenido y los pudo perdonar de todo corazón y con todas las fuerzas de su ser.

No fue fácil y mucho menos con su abuelo. No solo era odio, sino que tal sentimiento incluía el deseo de que no le fuera bien. Pasaría un tiempo hasta que algunas de esas heridas sanaran completamente. Finalmente pudo perdonar, incluido al "monstruo" de su abuelo, y por primera vez pudo sentir la sensación indescriptible de la libertad de uno mismo. Tener un motivo es la clave y para Richard fueron sus hijos, su familia, y un mejor futuro para ellos. Eso fue maravilloso.

Si mientras lees estas letras, te das cuenta de que la historia de Richard de alguna manera se asemeja a la tuya, eso significa que hay esperanza para ti también. Ya no sigas con tu ánimo por el piso, tu historia terminará bien. Es posible que hoy sea la llegada de un día nuevo, en el que veas la luz de la solución y el progreso al final del camino. No fue fácil el proceso, pero ¡es posible! ¡se puede lograr!

Pero no fue como resultado de la autoayuda ni del pensamiento positivo. ¡No! Fue por el poder de la fe que, aunque aparentemente fuera invisible, siempre permanecía activa. No basta solo conmigo, ni con el mejor amigo, solo con la fe en Dios es posible mantener la confianza en medio de la tormenta. Cuando Dios sana lo hace de

manera completa y una de las formas que usa, muy habitualmente para procurarnos esa sanidad, es señalando o eligiendo a ciertas personas que ayudarán en ese proceso. La voluntad de Él es que vivamos una vida plena y abundante, por eso jamás irá en contra de su mismo designio. Identificar el problema y reconocer que se necesita ayuda, es lo primero que debemos hacer para resolverlo. Ese fue el mayor descubrimiento de Richard: reconocer que tenía un problema que debía resolver y superar. Y precisamente eso fue lo que hizo. De no haber sido así, engrosaría la interminable lista de los que, sabiendo lo que tenían que hacer, no lo hicieron y hoy sufren dolorosamente las consecuencias. Su vida cambió y, por ende, su relación con los demás.

Todo proceso de sanidad comienza con reconocer la condición del enfermo. Eso hace una gran diferencia en la vida. Sumado a esto, la compañía de Dios, a lo largo de todo el proceso, hace de la experiencia un proceso con final feliz. Nadie que esté a punto de abandonarlo todo, ha consumido su último recurso para no hacerlo. Richard lo entendió y aunque estuvo a punto de tirar la toalla, no lo hizo, su decisión de no rendirse permanece intacta hasta hoy.

Te hará bien no olvidar que...

1. En los procesos de la vida siempre se construyen historias. Cada una es un mundo en sí mismo. Aunque pudieran parecerse unas con otras, nunca son iguales, jamás sus protagonistas sienten lo mismo, valoran lo mismo, sufren lo mismo o aprenden lo mismo.

2. Cuando se le dice a una persona algo y el que se lo dice es un familiar cercano, es muy posible que ella lo crea.

3. Decir al otro que es un inútil, es una forma de decirle que jamás será como quien lo está diciendo.

4. No sabes el alto poder destructivo que tienen ciertas formas de hablar a los demás.

5. Todos debemos, tarde o temprano, sanar nuestra vida y nuestra mente. Así tendremos oportunidad de movernos a un siguiente nivel de progreso.

6. Para que haya sanidad se debe reconocer la enfermedad y tener voluntad para cumplir con el tratamiento necesario.

7. Un sueño es la diferencia entre vivir y morir en el dolor, la injusticia, el abuso, las limitaciones. Es pararse un día en la cumbre de los logros más sagrados, la dignidad, la libertad y el progreso integral.

8. Se puede ser mejor, basta con tomar la decisión.

9. Con Dios los sueños pueden alcanzarse, pero requieren determinación, esfuerzo, lágrimas y sacrificio.

10. No se pueden ignorar los síntomas que revelan un ser interior herido y presumir estar bien, a pesar de todo. Tarde o temprano lo que no sirve saldrá a la superficie.

11. A esta altura de la vida está demostrado que si algo todavía debemos superar los seres humanos es nuestra soledad. Qué hacemos, qué pensamos o qué decidimos cuando nos obliga a convivir con ella.

12. Es con la fe en Dios que se hace posible mantener la confianza en medio de la tormenta, no basta solo conmigo.

13. Identificar el problema y reconocer que se necesita ayuda es lo primero que debemos hacer para resolverlo.

14. Todo proceso de sanidad comienza con reconocer la condición del enfermo. Cuando Dios sana lo hace de manera completa.

15. Nadie que esté a punto de abandonarlo todo, ha consumido su último recurso para no hacerlo.

Parte 3

El aprendizaje

Lecciones duras pero útiles

Capítulo 1

La Vida

Vivir, qué maravillosa palabra, qué increíble declaración por todo lo que ella implica. Pensar tan solo en la bendición de vivir, dispara cientos de reflexiones de toda clase y relevancia. El hecho de respirar es un milagro, pero el darle razón de ser a ese respirar es un esfuerzo. Como muchos ya lo han dicho, vivir es también la conjunción entre el respiro y el propósito que se le da a cada uno. No es solo respirar, es también una ley invisible. Y como ley al fin, hace que la felicidad o la tristeza, el bien o el mal vivir, mantengan una relación directamente proporcional con las decisiones que la persona tome. No hay más que agregar a ese asunto.

Uno mismo es el responsable y el que debe tener el mayor compromiso en cuanto a su propia vida. También es verdad que el elemento social, político y cultural de donde vive la persona, tiene su efecto e influencia, pero no necesariamente es determinante. Sin ignorar la cruda realidad de millones de seres humanos a lo largo del del mundo, hay algo que viene con todos ellos: su naturaleza y espíritu de lucha, de emprendedor útil para enfrentar las más crudas realidades y, a la vez, para lograr superarse en lo que se propone. No es fácil, es duro, pero no es imposible.

Mirando la vida de Richard con este lente, llegamos a la misma conclusión: debía darle propósito a su respirar. No sería fácil, sería duro, pero no imposible. No obstante, en muchas ocasiones pensó que si algo no tenía su vida era un propósito por el cual vivirla; por eso el más mínimo análisis de sus difíciles procesos familiares, le hacía concluir que vivir no valía la pena, que no tenía sentido. Pero ese sentimiento de constante tristeza y fatalidad fue cambiando entre los tropezones y los tablazos que la misma vida le iba dando.

Forzosamente se dio cuenta de que no podía medir su vida usándose él como parámetro único y exclusivo. En muchos aspectos la vida se debe ver en relación con los demás o, dicho de otra forma, las relaciones con los demás influirán en la forma de ver y definir la vida. Fue así como al ver la vida de quienes vivieron antes que él -sus padres en este caso- no constituyó, para nada, una opción ni una inspiración para vivir la vida con optimismo.

En cierta ocasión, en época de escuela, leyó una historia relatada en un libro llamado "La historia de una escalera". Se trataba de una familia que permanecía a lo largo de una escalera soñando y no dejaban de soñar. La historia se fue repitiendo por varias generaciones y el resultado fue que nunca lograron hacer nada con sus vidas, pues estuvieron siempre en la escalera. Ese tipo de historias desafiaron e impactaron a Richard. Él también estaba en una escalera, pero no quería morir en ella. Era una escalera que no lo llevaría a ninguna parte, salvo a subir y a bajar en sus mismos ciclos, sin sentido o propósito alguno.

Mientras Richard enfrentaba y resolvía estos dilemas, la vida no se detenía, le seguía exigiendo cumplir con sus obligaciones. Volviendo a la etapa cuando murió su abuela -y el gran impacto que le produjo su partida-, se presentó un incidente muy especial en ese tiempo. Un líder de la iglesia a la cual asistía se le acercó y le donó trescientos pesos dominicanos y le pidió que los invirtiera en pollos. Sí, que comprara pollos y se dedicara a venderlos tal y como lo había hecho su abuela. Como forma de ganarse la vida la propuesta era muy digna, y como forma de hacer dinero también, el problema fue la razón de por qué lo invitó a hacerlo. Aquel líder le dijo: "Es la única cosa que puedes hacer porque no tendrás futuro en la escuela". Fue un mazazo directo a sus sueños de superación.

Es verdad que Richard ya había perdido varios años de su escuela. También es cierto que no había mala intención en ese líder al invitarlo a vender pollos. El asunto era que la gran mayoría de las personas, a su alrededor, pensaban que eso era todo lo que la vida podía ofrecerle a Richard. ¡Resignación! pues pedir, esperar o aspirar a algo más allá de las desgracias familiares y económicas, no tenía sentido, propósito, razón ni justificación, por el simple hecho de que era imposible lograr algo diferente.

A veces la resignación también nos obliga a aceptar una realidad que creemos que no podremos cambiar, cuando en realidad es todo lo contrario. El luchar y el no rendirse fueron actitudes que, de alguna manera, Dios inspiró en Richard para poner en práctica lo

que fue vital en la primera etapa de su vida, la cual estuvo plagada de errores y de cosas realmente horribles que lo llevaron al punto de casi querer renunciar a todo.

Una noche, regresando en el tiempo a la época cuando tan solo tenía nueve años, recibió una invitación muy especial por parte de un grupo de amigos. Una vez más estaba a las puertas de otro inmenso aprendizaje.

La invitación era a participar en un delito, cuyo objetivo era robar la tapa que cubría la batería de una motocicleta. Por ese entonces una tapa como esa estaba costando unos tres pesos dominicanos, algo así como un dólar. Llegó el día. En la logística decidida para llevar a cabo el atraco, Richard, por ser el más gordito de la banda, debía ser el vigilante, debía observar y avisar que nadie, policía incluida, apareciera y no les diera tiempo a escapar.

La motocicleta estaba frente a un bar y fueron por ella, lograron su cometido y huyeron lo más rápido que pudieron de la escena. Eran seis y cada uno recibió cincuenta centavos. Aunque pudo parecer una travesura, la verdad es que habían cometido un crimen. Richard inmediatamente advirtió que ese accionar era malo y que él no podría escapar a la responsabilidad que le cabía en todo esto. Así entendió que no debía volver a hacer semejante cosa.

La vida también está diseñada de modo que nadie puede afirmar que no sabe lo que está bien y lo que está mal. Qué gran lección aprendió Richard con esta experiencia. Por su decisión de mejorar en la vida, renunció a ser parte de semejante grupo. No estaba dispuesto a aceptar que otros decidieran cómo debía ser su futuro, aunque eso lo condenó a enfrentarse con el bullying propinado por sus supuestos amigos del grupo.

Pareciera increíble, pero los ataques que sobrevinieron después de su decisión de salirse de allí fueron muchos y muy preocupantes. En una ocasión la burla terminó en pelea y la paliza recibida por Richard fue monumental. Aunque para la próxima vez, la suerte cambió y fue Richard quien ahora, motivado por la desesperación de terminar con esa etapa de su vida, sacó fuerzas de donde no tenía y le dio su merecido al líder de la banda. Como era de esperarse tal acción hizo que Richard se ganara un mayor respeto entre el grupo, aunque realmente no era lo que él buscaba ni deseaba. Ser respetado en el mundo del pandillero no sirve absolutamente de nada. Ya había entendido que ese no era el estilo de vida que quería llevar.

El líder de la banda perdió su vida unos años después a manos de la policía. Se había convertido en un asesino y un ladrón peligroso. Los integrantes de la banda y la experiencia vivida junto a ellos, estuvieron a punto de influir y marcar la suya para siempre. Pero basta con solo mirar hacia atrás, para dar gracias a Dios por no haber seguido semejante camino.

Para Inspiración

1. Lo importante no es cómo comiences la vida, sino cómo la termines.

2. Desde que naces hasta que mueres la vida te probará con momentos difíciles.

3. El mayor placer de la vida no consiste tanto en que me atiendan y me sirvan, sino todo lo contrario.

4. Todos tenemos una deuda con quienes vivieron antes que nosotros.

5. Podemos y debemos hacer algo por quienes vendrán después de nosotros.

6. No te comas todo el fruto que produzcas, solo lo justo y necesario para que vivas.

7. Descubre la maravilla de sudar en tu siembra, para que otros puedan comer de tus cosechas.

Capítulo 2

La familia

No existe una institución en el mundo que pueda remplazar a la familia. El viaje de la vida es único y su punto de partida es la familia, que no solo es el punto de largada, también es el final de ese viaje. Siempre se nos encontrará en familia, la que nos dio la vida y la que hemos formado nosotros. La familia siempre estará en nosotros como una necesidad y aun cuando la realidad familiar no sea la ideal, igualmente la familia será una imperiosa necesidad para todos y cada uno.

Aunque de la familia, en el peor de los casos, no se haya obtenido todo lo que de ella se requiere y espera, no anula el hecho de que la necesitamos. Somos privilegiados por haberla tenido siempre presente o somos desdichados por su ausencia parcial o total.

Aunque ese es otro tema, queda claro que la familia nos es necesaria e irremplazable. Venimos a una familia, vivimos con una familia y desde una familia saldremos a constituir nuestras propias familias. Somos familia. Así funciona.

Teniendo esto como verdad de fondo, la experiencia de Richard con su familia no fue del todo agradable. Él venía de una familia totalmente disfuncional y, según indica la lógica, estaba condenado a tener una familia disfuncional. Aunque tal sentencia tiene algo de cierto, por otra parte, él podía revertir esa realidad en su propia experiencia familiar. Le costaría mucho, pero no sería imposible.

Es innegable que si Richard hubiera podido hacer las cosas diferente, las habría hecho. Claro que sí. Pero no olvidemos que carecía totalmente de la bendición de un modelo en el cual inspirarse y con

el cual compararse, por eso buena parte del proceso sería similar al de un laboratorio: prueba y error, prueba y descubrimiento de lo que haría bien para todos.

Con tan solo veintiún años ingresó al mundo del matrimonio. Con o sin experiencia, con o sin modelo, lo cierto es que el matrimonio como institución no distingue entre maduros, inmaduros, inexpertos o sin modelos previos. Una vez que el matrimonio se inicia, automáticamente obliga a sus integrantes a proceder como deben hacerlo y no como creerían que se debe hacer. El resultado será un matrimonio saludable o simplemente uno enfermo.

Uno de los detalles que hace la definición y la esencia del matrimonio, es que sus integrantes no deben ni tienen por qué ser iguales. Matrimonio es un asunto de personas distintas, un hombre y una mujer, dos historias, dos formas totalmente diferentes de ver la vida. Así sin olvidar esto, a la experiencia matrimonial de Richard se le sumó la enorme diferencia que existía entre quien era su esposa y él, en relación con su trasfondo sociocultural. Si debían lidiar con el hecho de tener temperamentos y puntos de vistas distintos, debían también ponerse de acuerdo acerca de cómo superarían la diferencia de haber sido criados en contextos sociales tan distintos y, de la misma manera, con un bagaje de experiencias y modelos familiares totalmente diferentes.

Ella era de clase alta, bien alta y financieramente muy estable; él de clase baja, bien baja, con un apropiado modelo familiar inexistente y financieramente inestable a niveles lamentables. Eran tan opuestos, que por más que Richard luchó, nunca pudo ganarse la simpatía de su familia, más específicamente de la madre. Es como que la proverbial forma de ver a la suegra tuviera su cumplimento en su relación con ella.

Es doloroso ver cómo tantas personas, más que por ellas mismas, se esfuerzan para ganarse la aprobación de los demás. Eso sí que es una pérdida de tiempo. Sin embargo, eso fue lo que hizo Richard. Fue a la universidad y se graduó con mucho esfuerzo y sacrificio, pero su logro académico no le dio resultado. Tampoco pudo de esta forma satisfacer las expectativas que la familia tenía de él. La lección del "nunca es suficiente" estaba siendo expuesta en su máxima expresión y él la estaba aprendiendo. Es precisamente por esto que el desenlace se hizo previsible. Cometer errores no fue algo extraño o excepcional, sino que se hizo algo habitual. Sin embargo a pesar de esta seguidilla de aciertos y errores se vio una luz de esperanza.

Un motivo para vivir y seguir luchando era su familia o lo que quedaba de ella, él y sus hijos. A pesar de estar solos en el mundo, se tenían unos a otros. Solo eran ellos de cara a un futuro que, aunque se cernía incierto, no podía dejar de tener una razón para la seguridad y una justificación para seguir soñando. Ahí estaban los cuatro de pie y de frente a la vida para seguir caminando juntos. Luego del final de su matrimonio los hijos quedaron bajo su custodia, cuidado y responsabilidad por mutuo acuerdo. Eso hizo una gran diferencia. Ellos hoy son una bendición por cómo viven, sirven y se desenvuelven.

Para Inspiración

1. La familia es el núcleo y el fundamento de toda la sociedad.

2. Es fácil descuidar a la familia, por eso es fácil que sus integrantes sufran las consecuencias de tamaño descuido.

3. Dios la estableció como una institución que debe durar para siempre.

4. Una familia también permanece junta como resultado de la lucha incansable y la decisión de jamás rendirse por parte de los que la integran.

5. La familia se nutre por el amor genuino en el que se invierte calidad y cantidad de tiempo de modo intencional.

6. Las plantas de un jardín no se cuidan solas, requieren un jardinero. Cada integrante de la familia es un jardinero.

7. Debes invertir tiempo en tu familia, de la misma manera intencional que inviertes en tu empresa o en tu carrera.

8. Sé un modelo para tu familia, vive por el ejemplo y no solo por las buenas palabras.

9. Si tu familia está sólida y estable, estás ayudando no solo a que la sociedad sea mejor, sino que estás mejorando la humanidad completa.

Capítulo 3

Las relaciones

¡No estamos solos! Es indiscutible que comenzar este capítulo con una expresión como esta -como si fuera el gran hallazgo del siglo- es una obviedad tan básica y universal, que puede llegar a ser un insulto a la inteligencia de todos. No obstante, esta verdad es amenazada por lo menos por dos conductas típicas: por un lado, deseamos estar solos y por el otro, no sabemos comunicarnos.

Es sorprendente que, aun cuando nadie discute que vivimos y viviremos en sociedad, la tendencia humana es buscar frenéticamente estar a solas, huir del ruido y de la obligación de ser protagonista. Cuando finalmente iniciamos algún tipo de relación que demande de nosotros alguna participación, nos enfrentamos al hecho de que nos cuesta entablarla, sostenerla y enriquecerla en el tiempo.

La comunicación se aprende. Así como caminar y hablar, comunicar es un aprendizaje. Una relación saludable requiere el compromiso, tanto de dar como recibir de cada una de las partes. Pero cuando esto no se entiende, la relación se puede tornar en una dictadura y el resultado es una relación en peligro.

De nada sirve iniciar una relación para luego disolverla, por no saber cómo llevarla adelante. No somos absolutos, somos relacionales. Así nacimos y así fuimos creados. Por dichas razones necesitamos imperiosamente las relaciones; aun el ser humano más autosuficiente tiene en el fondo una necesidad ardiente de relacionarse con los demás. Siempre será así.

Frente a la realidad de que comunicarse o relacionarse se aprende, Richard tenía un par de lecciones que entender y aprobar todavía. Las malas relaciones no son otra cosa que ineficientes formas de

comunicarse. Por eso sus relaciones con los demás fueron difíciles. En ese proceso algo que lo golpeó muy duro fue darse cuenta de que no todos los que lo rodeaban eran amigos; nada complejo de entender. Por cientos de razones se acercan a nosotros y por la misma cantidad nos acercamos nosotros a los demás. La carencia de algo crea la necesidad del acercamiento. Es natural que toda relación pase primero por la etapa del interés; es decir, la amistad que se promueve solo porque el otro tiene algo que yo no tengo y que me interesa obtenerlo.

Nadie quisiera ser un simple escalón en la escalera del que, egoístamente, solo le interesa llegar a la cumbre de sus logros. ¡Nadie! Y Richard debió aprender esto. ¿De dónde obtuvo su mejor aprendizaje? De su padre. Se dio cuenta de que alrededor de él había un montón de gente que se decían ser amigos, pero en poco tiempo quedó al descubierto la verdadera razón por la cual se acercaban a él: su dinero. Eran amigos del dinero, y con su padre estaba garantizado hacer cosas que solo con el dinero se pueden hacer. No pasó mucho tiempo en que los amigos supuestamente incondicionales se transformaran en "los amigos del trago". Eran los que estaban cuando el dinero podía pagar una próxima ronda de alcohol y pasar un buen rato.

Aunque parezca increíble, Richard cometió el mismo error en el proceso de construir relaciones sanas con los demás. En los momentos de mayor éxito de su carrera sus amigos eran muchos. A la gran mayoría los había empleado o de alguna manera los había beneficiado; estaba claro que el interés era económico y de estatus. El trabajo que les podía ofrecer fue la razón de la cercanía de algunos de ellos, por eso su consejo nunca fue objetivo, puntual, solidario, sino interesado; lo que pudieran perder o ganar en términos de dinero, controlaba el consejo que daban y decidía si valdría o no la pena continuar con la relación. No fueron amigos, eran simplemente empleados. No será la primera vez que se encuentre a un ser humano rodeado por mucha gente, pero viviendo en la más fría y cruda soledad personal.

En el mundo de las relaciones se detecta fácilmente la que es sincera y verdadera, cuando se desea que al otro le vaya bien. La cuestión es: si no tuviera dinero ni posibilidad de tenerlo, ¿cuántas personas que dicen ser mis amigas permanecerían a mi lado? Esa es una de las formas más efectivas de detectar verdaderos amigos y reconocer las genuinas motivaciones. Richard invirtió tiempo en construir relaciones donde todo dependía de él para que funcionaran. ¿Qué dependía de él? Que ofreciera trabajo y dinero.

El final de ese proceso llegó y la lección fue una prueba y un aprendizaje muy amargo. Uno puede construir relaciones de amistad genuinas,

sólidas y saludables, pero deberá hacer algo concreto y esperar que la otra parte lo haga de igual manera. De ahí en adelante, Richard comenzó a administrar el mundo de su privacidad con celo y con mayor cuidado. Eso le hizo aprender que quienes tuvieran acceso al círculo íntimo de su vida ya no serían muchos, sino muy pocos.

Para Inspiración

1. No eres el único ser humano en el mundo. A veces parece que eso es lo que crees.

2. Insistir estar solo, es insistir en sufrir las consecuencias de no querer relacionarse.

3. No podemos morder a todo el mundo y tener la pretensión de que nos den una mano.

4. Que una relación no funcione, no solo debe ser responsabilidad del otro. Según el tamaño de mi orgullo seré capaz de reconocer mi parte.

5. El único interés de iniciar y construir relaciones deben ser las personas y sus necesidades.

6. Relación humana es eso: relación entre seres frágiles que necesitan hacerse fuertes con la vida del otro.

7. No puede ser relación cuando de dos, solo uno hace el esfuerzo.

8. No hace falta gritar para tener una relación saludable, con hablar tranquilo y claro, es suficiente.

Capítulo 4

Los negocios

Los negocios son una opción absolutamente para todos. Constituyen una forma de ganarse la vida y de prosperar en ella. Lo cierto es que todos vivimos haciendo negocios, aunque puede ser que solo alguno de ellos nos pueda significar la obtención de alguna ganancia o dinero. El concepto de negocio, en su comprensión más básica, alude a una forma de intercambio; es un beneficio recibido a cambio de un servicio ofrecido.

Siempre negociamos, aunque no siempre ganamos dinero. Negociamos en todos los ámbitos de nuestras relaciones, intentando alcanzar acuerdos. En la familia, en el matrimonio, en la sociedad como un todo y en el trabajo, siempre estamos negociando. Ahora bien, la opción de hacer negocios para no solo ganar un dinero, sino para consolidarme como empresario de un rubro específico, es también una forma legítima de ganarse la vida.

Cuando por inconvenientes en la familia de base, uno o todos sus integrantes ven complicado su futuro, el hacer negocios se hace una opción. Sin embargo esa opción no es tan viable ante el deficiente modelaje paternal, la inexistencia de protección familiar y la imposibilidad financiera para acceder a una preparación académica mínimamente necesaria.

En este contexto se movía Richard. Era de esperarse entonces que no solo apostara a tener algún éxito en los negocios que emprendería, sino que, en el proceso, sin consejo, sin mentoría específica ni profesional por parte de los que naturalmente debieran haberlo aconsejado, cometiera errores. Su esfuerzo siempre estuvo centrado en entender cómo funcionan las cosas en el mundo de los negocios.

En su intento por saber, el cometer errores estaba implícito. "Nadie que no haga algo se equivocará algún día". Los pasivos, los que no se atreven a nada, pueden hacer alarde de no cometer errores en su vida. Pero eso, más que un testimonio para aplaudir es una razón para ignorar, y aún más para no recomendarlo a nadie.

La formación de una empresa no es algo tan simple, para nada. Tiene su complejidad, la cual aumenta o disminuye según el tipo de empresa y de producto que se va a ofrecer o comercializar. Richard tenía decidido formar una empresa espiritual y organizarse estratégicamente para ofrecer al mundo, de manera profesional y con excelencia en todos los ámbitos, el mensaje de transformación que se garantiza cuando Jesucristo vive en el corazón del ser humano.

Su razón de organizarse empresarialmente era digna y a todas luces necesaria y relevante. Pensar que por tratarse de una "empresa espiritual" sería algo simple, fue un error. Debió aprender dos cosas: los aspectos administrativos de una organización y las estrategias relacionales para el manejo del personal involucrado.

Existe una gran diferencia entre tener una empresa y ser un buen empresario. Estructurar la organización empresarial es relativamente sencillo, ya que se trata de ubicar a la persona adecuada en cada posición. Pero liderar con todas las obligaciones y la toma de decisiones que ello implica, sumado a los diferentes temperamentos y personalidades, es un desafío que no muchos están listos para aceptar, enfrentar y gestionar.

Richard convocó a un grupo de personas y se lanzó en el titánico reto de constituir una empresa sin saber cómo gestionarla. Inició un proceso de aprendizaje, real, duro y simultáneo con el desarrollo empresarial. Lamentablemente el proyecto fracasó y Richard de nuevo volvió a tocar fondo. La opción, por temible que pareciera, finalmente fue la bancarrota. No se puede tener aspiraciones de éxito en algo que no se conoce, ni se sabe cómo liderar.

Sintiéndose completamente fracasado en su mundo empresarial, se dio cuenta de que le hizo falta algo fundamental: consejeros, mentores y orientadores en quienes apoyarse a la hora de tomar decisiones estratégicas y determinantes. Pero no solo fue la ausencia de un liderazgo orientador en su vida y más específicamente en materia de negocios, sino que había algo personal y muy enraizado en él: no estaba dispuesto a aceptar consejos. Ya lo dice el refrán popular: "No hay peor sordo que el que no quiere oír". También se afirma: "El peor paciente no es el que no paga la consulta con el médico, sino el

que, aun teniendo seguro médico, no sigue el consejo como se debe hacer."

Algún día entenderá el ser humano que la soberbia no abre caminos de soluciones ni de esperanza, solo se encarga de cerrarlos. Su obra se ve en todo su esplendor cuando un hombre o una mujer se niegan, no solo a pedir un consejo, sino también a recibirlo cuando las circunstancias así lo exigen. Se quedan solos, quiebran solos, se hacen sordos por decisión propia, declaran la bancarrota económica y también espiritual y al final del camino mueren solos.

Entre fracaso y fracaso transcurría la monótona vida de Richard en aquellos años. El sentimiento de pequeñez, la vergüenza y frustración se hacen tan poderosos que literalmente no hace falta que nadie se lo diga. La misma persona se encarga de creer y asegurar algo que no siempre es ni será verdad: ¡nunca lo voy a lograr!, se dice a sí misma. Luego de eso, a menos que haga algo, el final es previsible. Y quizá por eso no lo volverá a intentar. Sin embargo, con Richard siempre hay lugar para las buenas e inesperadas sorpresas. Lo volvió a intentar, lo volvió a hacer.

Cualquier persona que haya experimentado fracasos en la vida y decide no rendirse, tomar la opción de volver a creer, volver a levantarse, volver a luchar, volver a agarrar con firmeza la toalla y prohibirse a sí misma la posibilidad de tirarla, ha aprendido una de las enseñanzas más poderosas y duraderas de la vida. El fracaso te enseña y te aconseja: nunca tires la toalla, aún queda una puerta que no abriste, un camino que no caminaste y una alternativa que no probaste. Richard lo hizo, tú lo puedes hacer también.

Para Inspiración

1. Fuimos creados con la capacidad de ser mejores.

2. Podemos salir adelante, eso solo hay que desearlo.

3. Puedes trabajar por un salario, la gran mayoría lo hace. Puedes ser empresario, eso deberás considerarlo.

4. Descubre aquellas cosas en las que eres bueno, allí tienes un posible negocio.

5. Es imposible que obtengas éxito solo, necesitarás que por lo menos sean dos.

6. Puedes ser cabeza y no cola, a menos que eso te agrade.

7. El día que la abundancia toque tu puerta, que no sea para comerla solo, sino para que seas de bendición para otros.

8. Es una decisión inteligente que no solo trabajes para hacer dinero, sino para realizarte como persona.

Capítulo 5

Los fracasos

Etimológicamente hablando, las raíces francesas, portuguesas y españolas para la palabra "fracaso", toman significado del italiano fracassare que significa "romper, estrellarse, quebrar". Por definición estricta un fracaso es "romper algo por sacudirlo reiteradamente" o "quebrar algo o romperlo en pedazos". No puede ser más gráfico su significado. Quien haya experimentado un fracaso conoce el sentimiento y la sensación de saber que todo se ha estrellado, se ha roto o quebrado, de tal modo que no hay lugar ni para pensar en una reconstrucción o en una nueva oportunidad para intentarlo de nuevo.

Tristemente el fracaso es el punto final de la vida y de los sueños de muchas personas. Los resultados adversos y el no lograr lo que uno busca o espera, muestra la cruda realidad de no haber tenido éxito en algo. Sin embargo, en ese preciso momento es cuando quien diga haber fracasado debe hacer algo concreto, si no quiere morir en el intento.

En la experiencia de vida de Richard no faltaron los fracasos. En varias ocasiones vio quebrarse en pedazos sus sueños, objetivos y esfuerzos. Como ya hemos visto en capítulos anteriores, el no separar las relaciones personales de las obligaciones empresariales de muchos a los que consideraba amigos, fue su fracaso. Ayudar a otro para que tenga dinero, sin exigirle cumplimiento y responsabilidad en el marco de las necesidades y exigencia de una empresa, no puede conducir al éxito y la empresa terminará siendo un fracaso. La necesidad no puede ir separada de la responsabilidad.

El éxito de cualquier empresa -incluidas las de índole espiritual- descansa en el hecho de que las personas convocadas y designadas deben estar calificadas para realizar el trabajo asignado. Sin excepción

alguna, la idoneidad debe ser una característica de todos los integrantes de la empresa, sean amigos o familiares entre ellos. La conexión familiar no elimina la obligación empresarial. Por lo menos la persona debe tener potencial y disponibilidad para ser enseñado y para aprender, lo que da cierto margen de esperanza para que las cosas se hagan del modo correcto.

Una de las particularidades del ser humano es su tendencia a construir sistemas rígidos. Debido a ello se logran dos cosas: que todo se haga de una sola manera o controlar que nadie se atreva a hacerlo diferente. Dicha tendencia es comprobable en todos los ámbitos del quehacer humano, incluido el espiritual. Richard debió enfrentar nuevamente el fracaso ante la exigencia de que las cosas debían hacerse de una sola manera y aunque él siempre creyó que había muchas formas de hacerlas, tal verdad se estrelló de frente con lo que defendía el sistema en el que él se movía.

Richard formó parte de un selecto equipo de administración en distintas áreas. Se convirtió en una pieza clave en lo que se conocía como "crecer en los niveles de ascenso" y literalmente pudo generar miles y miles de dólares. Pero fracasó en saber cómo ajustarse a los protocolos de un sistema que no permitía la bendición del cambio ni de la creatividad. También falló al no saber administrar el dinero. Todos sabemos cómo manejar el dinero cuando hay poco, pero no siempre se sabe cómo hacerlo cuando llega en abundancia. Ese es un desafío importante.

Inevitablemente convivían con Richard dos pensamientos: el éxito aparente en mucho de lo que hacía y el sentimiento de fracaso que por momentos se apoderaba de él haciendo estragos en sus procesos. Hay que saber cómo procesar los aplausos que genera el éxito. Ellos también nos pueden hacer fracasar si no sabemos por qué se producen y qué alimentan.

De la misma manera sucedió en un ámbito realmente sagrado y de imprescindible cuidado como lo es la familia. En la mente de Richard imperaba el deseo de tener una familia saludable, y la firme convicción de poder rehacerla, pero el creer que podía salir adelante solo, que algo se le ocurriría y que finalmente aparecería alguna nueva herramienta, lo hizo fracasar de nuevo. Fue así como, más que asumir una posición de seriedad y responsabilidad, se metió en un mundo donde nada importaba, y tristemente Dios no formaba parte de él. Esto solo aumentó el dolor por los errores cometidos y la vergüenza descomunal que significaba para una persona cristiana y espiritual, el

haber ingresado a un mundo desconocido, infernal y doloroso. Los consejos no fueron escuchados y por eso el fracaso no pudo ser evitado.

Una de las cosas más impresionantes acerca de Dios es que siempre se muestra en los momentos donde menos esperas e imaginas que lo hará. Los últimos meses del año 2008 Richard sirvió en California. Fue una oportunidad maravillosa de ayudar a otros y, aun en medio de su crisis, buscaba levantarlos, mientras él mismo sentía que necesitaba levantarse. Poder dar un poco de aliento y esperanza a otros era una inyección de aliento para Richard. La mejor medicina que Dios le mostró en medio del fracaso fue no enfocarse en sí mismo. No podrás vivir la vida y cumplir tu propósito mientras te sientas la víctima del universo. Necesitas poner la mirada en Dios y en los demás y, cuando menos lo pienses, saldrás del profundo pozo o de la oscura cueva. ¡Lo lograrás! Ese fue para Richard un verdadero momento de lucidez.

Para Inspiración

1. Fracaso es ver al éxito desde otra perspectiva.

2. Lo mejor que puedes hacer luego de un fracaso es intentarlo una vez más.

3. No intentes de nuevo con la misma fórmula y de la misma forma. Si cambias o la mejoras es posible que finalmente lo logres.

4. No hay mejor fracasado que uno que ya se ha rendido.

5. El asunto no es la cantidad de veces que te caigas, sino la cantidad de veces que te vuelvas a levantar.

6. Si fracasar significa estrellarse, no entiendo por qué insistes en darte contra la misma pared.

7. La puerta del éxito vuelve a abrirse en el preciso momento en que te levantas.

8. Llorar antes, durante y después de tu fracaso te hará exitoso en lamentarte, pero jamás en graduarte.

9. Alguna vez es posible que fracases, el asunto es cuántas veces quieres que así sea.

Capítulo 6

Los amigos

Hablar de amigos es hablar de una parte sustancial en la vida de todos los seres humanos. La construcción de nuestra vida necesita categóricamente del aporte de un material, a todas luces fundamental: las relaciones, la amistad y los amigos. La falta de ellos hace que nuestra vida se torne incompleta. Durante el día interactuamos con muchas personas, ya que como lo dijimos en capítulos anteriores, no somos absolutos, somos relacionales.

El aporte de las relaciones a nuestra identidad, tales como valoración, importancia y posibilidades, es absolutamente irremplazable. Nadie niega a esta altura de la historia y con los avances en materia de comunicación, que establecemos vínculos con miles de personas. Sin embargo la realidad demuestra que las distancias continúan consolidándose entre nosotros, lo cual demuestra que vinculación no es cercanía. En materia de amistad y verdaderos amigos, hace muchos años se escucha una frase célebre que dice: "los puedo contar con los dedos de una mano". ¿La recuerdas? Con ella reconocemos que tener "conocidos" es sencillo, pero tener amigos se trata de construir con esfuerzo una verdadera y sincera relación. Por eso no se tienen muchos.

Ahora bien, en la actualidad se presenta un fenómeno generado por las redes sociales y es que una persona puede tener muchos amigos o fans, llegando a ser reconocido como una influencia. Tal persona hasta puede ser remunerada por la plataforma o compañía que auspicia ese lugar en la red. La verdad de fondo con este fenómeno es que, aunque yo pueda seguir a alguien o miles me sigan a mí, los que son conocidos como "amigos", no son amigos en el verdadero sentido de la palabra. De nada sirve tener miles de amigos en redes y no tenerlos en la vida real.

Cuando uno piensa en el significado y las connotaciones de la palabra amistad, descubre que etimológicamente el término viene del latín amicus, que significa "abrigo y custodia" y "amar al que me ama". De otra parte se le ha dado también la connotación de "mitad", dado que la relación depende del aporte de dos personas: el mío y el del otro para ser uno. Así que tener amigos es más trascendental y necesario que simplemente ser conocido de alguien o ser parte de una enorme lista de "amigos" en la más popular de todas las redes sociales. Compartir *selfies* o fotos con uno o con miles no es amistad ni es compartir toda la vida, es permitir que otro conozca solo un aspecto de ella. La superficialidad es un elemento típico en este tipo de relaciones. De cualquier forma, esta manera de hacer amistad es tan popular, que según parece seguirá consolidándose, aunque no podrá resolver una necesidad de fondo: todos necesitamos verdaderos amigos.

Richard no estuvo exento de esa realidad. Como le sucede a la mayoría, la necesidad de amistad, afecto y aprobación era algo que requería satisfacer con urgencia. Quizá por eso no pudo discernir, en tiempo y en forma, que no todos tendrían buenas intenciones al acercarse a él. Sin ser pesimista, no debía creer en todo el mundo. Es que no todos tienen las mismas motivaciones que genuinamente él tenía hacia los demás. Richard debió entender una verdad actual y dolorosa: que no podía confiar porque no todos son creíbles. El proceso para comprender esto volvió a significarle un fracaso. Todos, absolutamente todos necesitamos amigos, pero esta necesidad no puede ser satisfecha de manera inmediata; se necesita una estrecha relación, traducida en tiempo y convivencia. A Richard le tocó asumir, mientras su vida transcurría, que no tendría muchos amigos. Cuando encuentras o tienes amigos, debes valorarlos y cuidarlos.

No existe famoso ni millonario que se precie de exitoso que no necesite, a todas luces, construir este tipo de relaciones saludables. Nada es más doloroso que estar con alguien que te haga sentir que estás solo y que deberás seguir estando solo. Pasar el día y la vida como un simple costumbrismo, monótono y sin sentido ni propósito, causa un profundo dolor en el alma. Es muy necesario el cara a cara, el frente a frente. La relación personal limpia, directa, transparente, honesta, libre de cualquier agente que la ensucie y la haga complicada, necesita aparecer de forma urgente.

Necesitamos compañerismo. Precisamos construir relaciones donde la hipocresía y el disfraz cosmético sean desechados para ser uno mismo, sin necesidad de dar explicaciones a medio mundo. Esa es la amistad basada en el respeto y el amor que se brinda sin condiciones a aquel a quien se le llama amigo. Lo contrario a esto no hace bien.

Richard se dio cuenta de que las cosas no pueden ser más importantes o trascendentales que las personas. La mejor fotografía de los seres humanos es esa donde aparecen en compañía de otros, en la que se ve la forma en que los más débiles son preservados o salvados por el cuidado del grupo mayor. Aprendamos de los animales: solo el que se sale de la manada y se lanza a andar solo, es devorado por las fieras.

Richard supo que en tanto anduviera solo su vulnerabilidad iría en aumento. Sin embargo y, a pesar de que pudo resultarle muy doloroso, debió reconocer que muchas veces las personas que uno cree más genuinas son las primeras que estafan o traicionan amistades. Comprobar el poder de la naturaleza humana fue muy duro para él. Aun cuando aquellos supuestos amigos estuvieron cerca y aparentemente celebraban sus éxitos, cuando necesitó una mano extendida la encogieron. De igual manera, cuando precisó un consejo importante, algún "cuchillo" clavaron sin misericordia en su confiada y crédula espalda. Estas actitudes dejan en claro que es en las relaciones donde se eleva, en todo su esplendor, el lado oscuro del ser humano. Como el escorpión que no pudiendo hacer el bien solo sabe honrar su naturaleza, por eso clava su aguijón sin dar explicación.

¿Cuándo aprenderemos que la vida se trata de personas y relaciones, y no de cosas, posiciones, estatus ni riqueza? No pasa por ahí la definición más acertada de la vida. ¡No! No pasa por ahí. Cariño, amor, solidaridad y respeto no deben darse por perdidos. Mientras haya un ser humano que se anime a creer y gritar las bondades de una relación basada en esos principios, no debemos rendirnos. Así las cosas en nuestras sociedades funcionarán mejor.

Tener un millón de amigos y no tener cuatro que ayuden a cargar el féretro con nuestros restos, deja de manifiesto la dura realidad de que tuvimos conocidos pero no construimos amigos. Si uno permite que esas relaciones interesadas e impersonales hagan daño y determinen nuestro rumbo, la certeza de fracaso se apoderará de nuestra vida. Una vez más -y a pesar de todo-, Richard se levantó y lo superó. Otros caen, tú te levantas; otros traicionan, tú eres fiel; otros abandonan, tú sigues de pie al lado de tu amigo. Debemos volver a creer. Así fue como Richard pensó.

A pesar de todas las experiencias negativas que se puedan tener, es importante recordar que esos dos o tres verdaderos amigos siempre permanecerán junto a ti. El problema es que muchas veces, son tantos los golpes que se reciben de los que están cerca, que a veces nos olvidamos de los que están distantes.

Richard creyó y aun cree que, aunque la naturaleza del ser humano es la de dañar, la suya será la de ayudar. Hacer el bien a los demás y honrar la palabra de amistad, son creencias distintivas en la vida de Richard. Esa es la razón por la que incansablemente sigue buscando la forma de que a sus amigos y a quienes no lo son, pueda irles mucho mejor en sus vidas.

Para Inspiración

1. Conocer mucha gente jamás será igual que tener un par de amigos.

2. El número de amigos que tengas es proporcional a cuánto trabajarás para tenerlos.

3. Si los amigos de las redes sociales han reemplazado los amigos reales, estás en un problema.

4. Si el amigo virtual te deja por lo que escribiste en tu muro, no es un amigo, es un robot.

5. Amigo es aquel que está contigo por lo que eres, sin importarle en absoluto cuánto tienes.

6. No cometas el error de emborracharte de aplausos de supuestos amigos. No lo son, solo lo hacen para sacarte algo y así estar mejor.

7. Si fuiste creado por Dios para vivir en relación con otros ¿qué estás esperando?

8. Si pretendes tener amigos y demandas de ellos que lo hagan todo, no estás buscando amigos; solo algunos socios patológicamente dependientes de ti.

Capítulo 7

Los cambios

Una verdad que ha permanecido con el paso del tiempo es que "lo único constante en la vida es el cambio". Absolutamente en todos los órdenes de la rueda de la vida, el cambio está presente ejerciendo su influencia modificadora. En humanos, en animales, en cada rincón de la naturaleza, en los millones de detalles y dinámicas visibles e invisibles, el cambio es necesario, esperable y permanece activo. Desde este punto de vista, el fenómeno del cambio garantiza oxigenación de estructuras viciadas por el propio uso, actualización y adaptación a los nuevos modelos que el proceso de vida específico exija.

Si no hubiera cambios, la vida como tal se detendría. Entonces perdería poder de adaptación a las nuevas y constantes dinámicas que la conforman. Se envejecería de tal modo que la fosilización sería uno de los resultados más inmediatos y previsibles. El cambio no debiera ser motivo de discusión, pleito o distanciamiento, sino todo lo contrario. Se trata de asumir que el cambio es necesario y de proceder con facilidad y voluntad propia a incorporarlo adecuadamente.

Todo cambia. Nada sigue igual después de pasada una milésima de segundo de tiempo. No somos los mismos que ayer ni seremos iguales mañana. Afirmar que todo cambia puede ser relativamente sencillo. El verdadero desafío es lograr cambios. Todos saben que es necesario cambiar y, aún más, saben lo que tienen que cambiar, pero aun así no cambian. Tenemos una necesidad casi adictiva de aferrarnos al pasado y a lo que ya no existe: un recuerdo, una herida, una traición, una silla, un rincón, y hasta una prenda de ropa con zapatos incluidos.

Sabemos que hay que cambiar, pero tozudamente nos resistimos a hacerlo. El cambio es un riesgo que significa ingresar a tierras que no conozco y de las que no tengo el control, por lo tanto no tengo seguridad y la inseguridad desencadena el miedo. Conclusión: no cambio y me quedo en el mismo lugar, en la misma realidad, en la misma ineficacia, en la misma herida y con el mismo dolor todo el tiempo.

Richard debió enfrentarse a esa constante, mirando y recordando una y otra vez la suma de errores cometidos y los fracasos obtenidos como resultado. Entonces debió tomar una decisión: seguía igual o incorporaba cambios. La debacle de sus proyectos de vida, las relaciones demasiado dolorosas con los demás, la forma en que llevó adelante buena parte de sus negocios, la manera como lideró la empresa sagrada de predicar a personas y procurar que tuvieran un cambio de vida espiritual y material y con la que también fracasó, lo hicieron reflexionar y pensar que debía cambiar o desaparecería. La solución era el cambio. Llegó el momento en que como "efecto cuello de botella", se vio en la desesperada necesidad de cambiar.

Aunque alguien pudiera decir que era previsible querer cambiar, lo cierto es que no todos están dispuestos a hacerlo. Al no aventurarse en el proceso de un cambio, se convierten en el resultado propio de su decisión. Si todo sigue igual, todo acabará igual. Así que la primera medida que debió poner en práctica fue la de repasar los fracasos y ver la manera de gestionarlos y superarlos. Se rendía o decidía cambiar y volver a emprender el vuelo.

Las traiciones y todo lo sucedido en el pasado bien pudieran haberlo asustado de por vida, de modo que se negara para siempre a construir nuevas relaciones. Hubiese podido razonar así: "si este amigo me falló y aquel otro me traicionó, todos me harán lo mismo siempre". Richard entendió que ese hubiera sido su final y, al contrario, se lanzó a producir los cambios que le eran requeridos. Es en ese momento, sin saberlo, que comenzó a construir una nueva plataforma que lo relanzaría a nuevos escenarios de vida.

En el mes de diciembre del 2008, mientras estaba sentado en el pequeño apartamento en que vivía en California, Richard miró algunos aspectos de su vida pasada. ¡No lo podía creer! Bastaron solo unos minutos de pensar tranquilo y sin apuro, para reconocer que sus ingresos por las múltiples actividades que desarrollaba -venta de sus libros, DVD, conferencias y seminarios- eran muy significativos. Eso hizo evidente que tenía grandes habilidades e idoneidad para los negocios y que su debilidad estaba en la

administración y liderazgo; darse cuenta de ello lo llevó a hacer cambios en esos aspectos.

No hay que cambiar por cambiar, sino realmente enfocarse en lo que hay que cambiar. No obstante, a pesar de sus éxitos, la realidad de Richard por momentos era menos que penosa. Así sucedió en una Nochebuena, cuando sus hijos se habían ido a estar unos días con su mamá y él se quedó solo en casa. En esa ocasión solo tenía dinero para una papa, la que sería su comida navideña. Y de nuevo volvió a pensar: "¿qué he hecho mal en todos estos años?" Ese fue su más profundo y adulto tiempo de reflexión, gracias al cual reconoció que había tocado fondo. El verdadero cambio requiere reflexión acompañada de acción.

Aceptó una oferta de trabajo como asistente de una iglesia en Utah y por tres meses vivió un tiempo de crecimiento y de búsqueda de respuestas. Necesitaba saber dónde había cometido errores, qué había hecho mal y qué debería entonces comenzar a hacer diferente. Precisamente ese proceso culminó con una invitación para moverse al estado de Texas. Una vez allí, comenzó de cero con el desarrollo de un proyecto de servicio a los demás, como respuesta a lo que sentía Dios demandada de él. Se dio cuenta de que sus dones y habilidades para ese fin estaban intactos y abrazó esa causa con todo su ser. Así que diseñó y le dio forma a una estructura de servicio que tuviera como fin y como práctica el bendecir a los que más pudiera, donde estuvieran y aun sin importar cómo estuvieran. Decidió dejar un legado y no quiso que solo fuera en el lugar en que vivía. Su objetivo era todo el mundo, con su mensaje de siempre: "Puedes ser mejor, puedes vivir diferente sin importar tu trasfondo, ni de dónde vienes, ni cuánto tienes; lo que importa es que sepas hacia dónde vas y que a Dios lo puedes tener de socio en todo tu proceso".

Richard tuvo que cambiar y eso hizo. El cambio radical que imprimió a su vida impactó primero en su forma de pensar y luego en su forma de actuar. Aprendió que la vida valía la pena vivirla. Aprendió que la familia era esencial para poder vivir una vida completa y que debía esperar que Dios indicara con quién y cuándo. Aprendió que las relaciones con los demás son importantes, pero que no debía creer que todas las personas que se cruzaran en su camino debían ser parte de su círculo íntimo y especial. Aprendió que los negocios los debía manejar como negocios y no como una reunión familiar de fin de semana. Aprendió que las empresas las debía liderar como empresas que son, para que pudieran producir los resultados buscados y esperados. Aprendió a gestionar de otra

forma el fracaso, mirándolo como una oportunidad para mejorar o volver a empezar. Aprendió que el fracaso es simplemente el éxito al revés. Aprendió que puedes volver a intentarlo todas las veces que necesites hacerlo, hasta lograr hacerlo bien y mejor. Aprendió que traiciones y traicioneros siempre habrá y llegarán aun cuando no los pidas, pero que a los amigos hay que buscarlos y pagar el precio de confiar para consolidar la amistad. Aprendió que no son las cosas sino las personas lo más importante que justifica la relación y, eso no lo volvería a olvidar.

Creer en la gente, pero cuidar la propia salud emocional y espiritual es un gesto de mayordomía responsable de la vida propia. Cambia o quedarás obsoleto. Cambia y descubrirás que hay otras formas de hacer algo y llegar al mismo lugar. El mensaje es claro y no se presta para confusión y Richard lo comprobó. Fue un proceso doloroso pero necesario y efectivo. Cuando cambiar forma parte de la plataforma principal de la existencia, la vida y sus procesos -por duros que sean-, se hacen una experiencia apasionante e inolvidable.

Para Inspiración

1. No sigas haciendo lo mismo porque te condenarás a obtener siempre lo mismo.

2. Si en el fondo de tu alma no quieres cambiar, es porque estás demasiado cómodo.

3. Cambias si quieres, sigues igual porque quieres.

4. El éxito no es un lugar al que llegas sino una autopista por la que transitas.

5. No avances ni hagas nada por hacerlo, el estancamiento será tu suerte.

6. Si cada día aprendes algo nuevo, haces algo nuevo, diseñas algo nuevo, entrenarás tu mente en el arte de la creatividad, adaptación y progreso.

7. La expansión de lo que hagas comienza con la expansión de lo que piensas.

8. No puede haber expansión como resultado en una mente acostumbrada a la estrechez y al "no puedo".

9. No inviertas en cosas que te aten, sino en todo lo que te haga crecer.

Beneficios que trae el cambio

1. Crecerás como persona.

2. Serás una inspiración para los que están a tu alrededor.

3. Te moverás más cerca de tu propósito en la vida.

4. Descubrirás nuevas habilidades que tenías y que no habías desarrollado.

5. Descubrirás nuevos caminos y nuevas formas de hacer las cosas.

6. Accederás a nuevos desafíos y escenarios.

7. Obtendrás nuevas recompensas al incorporar nuevos servicios.

8. Conocerás nuevas personas y culturas.

9. Establecerás nuevas relaciones.

10. Producirás alianzas estratégicas ofreciendo lo que eres y tienes y recibiendo lo que otros son y tienen.

11. Eliminarás el aburrimiento y la monotonía.

12. Descubrirás que hay muchas más razones para reír y ser feliz.

Te hará bien no olvidar que...

1. El hecho de respirar es un milagro, pero el darle razón de ser a ese respirar es un esfuerzo.

2. La resignación también nos obliga a aceptar una realidad que creemos que no podremos cambiar, cuando en realidad es todo lo contrario.

3. No existe una institución en el mundo que pueda reemplazar a la familia. El viaje de la vida es único, por eso se inicia desde un punto de partida único: la familia.

4. Uno de los aspectos que define y que es la esencia del matrimonio, es que sus integrantes no deben ni tienen por qué ser iguales. El matrimonio es un asunto de personas distintas.

5. La comunicación se aprende al igual que caminar y hablar, comunicar es un aprendizaje. Relacionarse requiere algo del otro y también de mí.

6. Uno puede construir amistades genuinas, sólidas y saludables, pero deberá hacer algo concreto y esperar que la otra parte lo haga de igual manera.

7. Todos vivimos haciendo negocios, aunque solo algunos de ellos nos pueden significar la obtención de alguna ganancia o dinero.

8. Algún día el ser humano entenderá que la soberbia no abre caminos de soluciones ni de esperanza, solo se encarga de cerrarlos.

9. Nunca tires la toalla, aún queda una puerta que no abriste, un camino que no caminaste y una alternativa que no probaste.

10. El fracaso es el punto final de la vida y de los sueños de muchas personas y eso no está bien.

11. La necesidad no puede ir separada de la responsabilidad. El éxito de una empresa, incluida una espiritual, también descansa en el hecho de que la persona designada y convocada para hacer el trabajo, debe estar calificada para hacerlo. La idoneidad no es excepción.

12. Todos necesitamos verdaderos amigos.

13. Necesitamos compañerismo. Necesitamos volver a construir relaciones donde la hipocresía y el disfraz cosmético sean desechados para ser uno mismo, sin andar dando explicaciones a medio mundo.

14. ¿Cuándo aprenderemos, cuándo entenderemos que la vida se trata de relaciones y personas, y no de cosas, posiciones, estatus o riqueza?

15. Sabemos que hay que cambiar, pero tozudamente nos resistimos a hacerlo. Es que el cambio es un riesgo.

16. Cambia o quedarás obsoleto. Cambia y descubrirás que hay otras formas de hacer algo y llegar al mismo lugar.

Parte 4

A pesar de todo

Principios vitales para no rendirse

Capítulo 1

La transformación

Los cambios sucedidos en la vida de Richard fueron definitivamente estratégicos y determinantes para todos los procesos de su vida. Cuando miró por un momento hacia atrás, se dio cuenta de que esos cambios habían hecho la gran diferencia. Ocurrió algo así como un efecto bisagra: un antes y un después, dejar algunas cosas para incorporar otras, dejar de hacer cosas de una forma para hacerlas de otro modo. Dichos cambios fueron clave en toda su apasionante historia; nunca fue el mismo después de ellos. Está claro que cambiar totalmente la orientación de la vida de una persona no es tan simple como cambiar el tipo o el color de ropa que se usa por preferencia. En la mayoría de los casos, los cambios son cosméticos y solo tienen que ver con lo exterior -formas y modos-, sin embargo no afectan, modifican ni redefinen la vida ni las posibilidades que la persona considera que tiene. Los cambios reales deben ser radicales. Deben ser producidos desde el interior de la persona, pues solo así se garantizará una perspectiva de vida totalmente diferente, aunque su aspecto exterior siga siendo el mismo.

De nada sirve que una persona prometa "dejar de hacer algo" solo para evitar ser amenazado, tal como lo hacen algunos hijos ante los gritos de los padres, un empleado ante la orden de un jefe o un ciudadano ante la voz de un policía. Si evitar la amenaza es lo que nos motiva, el cambio será por conveniencia ya que por dentro se seguirá siendo la misma persona. Los seres humanos requieren más que un simple cambio. Se necesita una transformación plena que implica una mudanza total de lo viejo a lo completamente nuevo.

Cuando la transformación no es cosmética sino del interior, la forma de pensar, proceder, decidir, actuar y pararse frente a la vida es totalmente diferente a la de etapas del pasado.

Conocer lo que significa la realidad de la transformación, nos permite entender con toda claridad lo que pasó con Richard en ese momento clave de su vida. No hizo un cambio, fue transformado.

Necesitamos entender que la transformación de Richard no fue resultado de un "simple proponérselo". ¡No! Nada tenía en su interior que garantizara poder suficiente para transformar total y plenamente su vida y el curso que estaba llevando. Él sabía que por sí mismo no podía proponer ni garantizar un verdadero cambio, sino que debía "venir de afuera". Ante la realidad de que el agente transformador no podría ser él, sino que debía ser otro, sintió la necesidad de practicar una fe consciente, inteligente, intencional y personal, libre de cualquier vestigio de religiosidad o ritualismo.

En algún momento el poder ineficiente de la costumbre o tradición familiar y religiosa debía ser desechado y dar paso a una relación con Dios personal, intencional y transformadoramente efectiva.

Desde muy tierna edad Richard sintió la necesidad de caminar con Dios. Cuando solo tenía cuatro años algo lo impresionó a ir por primera vez a una iglesia, recuerda que nadie lo llevó, sino que como muchas veces en su vida, fue solo. Esa experiencia fue tan especial que hasta hoy mantiene el recuerdo vivo en su corazón. Luego, con siete años hizo su primera comunión en la iglesia católica y durante dos años sirvió como monaguillo en la pequeña parroquia Santa Clara en el Ensanche Bermúdez, la cual no tenía sacerdote y era dirigida por Juan, un diácono de esa comunidad.

Cuando tenía diez años tuvo que enfrentar la muerte de su gran amigo Eduardo, un muchacho de quince años a quien muchos en el barrio admiraban. Esa pérdida fue un impacto muy significativo para Richard que lo llevó a distanciarse de Dios por varios años. Pero, a pesar de todo, Dios seguía "corriendo" detrás de él. A los trece años Richard tuvo su primer encuentro personal y dramático con Dios y a partir de ese momento su vida comenzó a cambiar. Fue como si una semilla hubiera sido depositada en su corazón, y lo mismo sucedió en la vida de sus familiares y en la de unos cuantos amigos.

Cuando Richard reconoció su necesidad de Jesús, lo aceptó como su Señor y su Salvador. Así inició un nuevo proceso en su vida. La posición que asumió con total claridad no fue la de filtrar o pasar su relación personal con Jesucristo a través de las reglas y rituales de la religión organizada y establecida. Richard no podía conciliar la libertad que en Cristo ya había obtenido, con ciertas ataduras y condenas que la religión alentaba. Lo cierto es que no tardó mucho tiempo en reconocer o discernir ese obrar religioso. Richard no tenía fe en la religión, tenía fe en Jesucristo. Y eso es muy diferente.

Como producto de ese ejercicio de fe, inteligente, pensado e intencional, se bautizó exactamente como Jesús lo hizo, aunque todavía no sabía muy bien a lo que estaba ingresando. No obstante, lo estaba haciendo como resultado de una decisión personal y eso marcaba la gran diferencia respecto a experiencias similares en su pasado. El tiempo le dio la razón: ¡su decisión había sido la correcta!

Esa etapa de su vida fue fundamental y el cambio de Richard se hizo evidente. Su familia comenzó a verlo y comprobarlo; no tuvo que pasar mucho tiempo para que varios de ellos, poco a poco y con firmeza, comenzaran a seguir sus pasos gracias a su testimonio y al poder transformador de Dios en su vida. Jamás menosprecies el poder de un testimonio y menos cuando se invoca a Jesucristo como el Agente que produce la transformación.

Es triste ver que hay seres humanos que se burlan de estas maravillosas experiencias. Tienen la costumbre de hablar desde el prejuicio, la insolencia, la falta de respeto y la intención inocultable de mofarse de lo que el otro manifiesta con honestidad y absoluta sinceridad. No te burles de algo que tú no anhelas ni conoces. Respeta las vivencias o experiencias de otros.

Al principio de su nueva vida, mostrarse delante de todos como practicante de la fe que había abrazado, le fue difícil. Sentía bastante vergüenza de que lo vieran caminar con una Biblia en la mano. Por ello tomó la decisión de no volver a llevarla a las reuniones de la Iglesia, creyendo que era una forma drástica pero efectiva de evitar la burla de varios adultos de su barrio.

Los viejos que se burlaban de manera abrumadora del joven que había decidido cambiar su destino buscando tener una relación profunda, sincera y adulta con Dios, pasaban por algo muy penoso y triste: la gran mayoría de ellos comenzaron a ver a sus propios hijos ir a prisión por los crímenes cometidos y otros, más doloroso aún, los llevaban a la tumba siendo demasiado jóvenes. No te burles de la experiencia que otro vive, es posible que un día tú estés exactamente en el mismo lugar.

Los años siguieron pasando con altas y bajas, pero sin importar cuántas caídas y tropiezos vinieron, Richard se mantuvo apegado a su fe. Las piezas del rompecabezas comenzaban a encajar.

Su habilidad de hablar ante los demás se fue perfeccionando y poco a poco fue superando sus propias limitaciones, involucrándose decididamente en la organización de enormes cruzadas de fe. Su deseo era decirle a la mayor cantidad posible de personas y en el

menor tiempo posible, que lo que Jesucristo hizo con él, lo podía hacer con todos ellos. De eso se trata la fe, dar de lo que uno ha recibido.

Siendo un consolidado conferencista internacional, volvió a su barrio para compartir esta esperanza con toda su gente. ¡Inspirador... emocionante! El niño hecho hombre volvió a su casa, a su barrio, a sus orígenes, a su gente y a las necesidades de todos ellos. No habían cambiado demasiado las cosas por allí, pero Richard sabía y estaba más convencido que nunca de que el mensaje que portaba podía producir el milagro de un cambio de vida para toda su gente.

Así es que se puso a la cabeza en la organización de un evento que realizaría, nada más ni nada menos, en la calle principal de su pueblo. Lo desconcertante era que las autoridades de la ciudad no controlaban éste ni ningún otro tipo de eventos a nivel público. Por eso los permisos debió gestionarlos ante el líder de los delincuentes de su barrio, quien conocía a Richard ya que de niños se habían criado juntos aunque habían elegido caminos muy diferentes. ¡Increíble! Pedir permiso a quien no solo no tiene la autoridad, sino a quien lidera un reino de terror, amenaza y desprecio por los demás. De todos modos, ninguno de ese mundo de delito, se atrevió a amenazar la continuidad de la cruzada de fe.

Durante las noches colocaban quinientas sillas en la calle, el tránsito era desviado y todo el equipo de sonido era custodiado cada día por los delincuentes del barrio, así nadie se robaría nada. ¿Quién se atrevería a venir a robarles a ellos? ¡Algo comenzó a suceder entonces! Se hizo necesario duplicar la cantidad de asientos después de la segunda noche. Debieron colocar mil sillas y hasta los techos de las casas sirvieron como balcones naturales para no perderse nada de lo que sucedía allí cada noche. Unas quinientas canastas con alimentos básicos fueron distribuidas entre la gente que se daba cita en la cruzada. Fue una forma de aliviar el hambre y el sufrimiento de su gente.

Lo que sucedió aquella semana fue algo realmente significativo. Muchos de los que se burlaron y desaprobaron la decisión de Richard de seguir a Jesucristo cuando era un adolescente, ahora estaban allí sentados escuchando emocionados lo que Dios había hecho en la vida de quien caminó, vivió y sufrió con ellos cuando era un niño. Y aunque no era de esperarse, muchos de ellos no pudieron resistirse a la invitación que se les ofrecía. Esa semana fue un tiempo de paz en aquel lugar. Algunos vecinos le dijeron a Richard que no hubo crímenes durante esos días.

La contundencia del cambio de Richard, junto a la pasión y seguridad

con la que transmitía su mensaje, provocaron que varios de los amigos de su infancia entregaran emocionados sus vidas a Jesús. Ese es el poder de la fe, el poder de una convicción. ¡Qué inolvidable experiencia! Richard volvió a confirmar algo maravilloso: hay poder en la fe en Dios y en el propósito que Dios determina para aquel que se anima a creer y entregarle su vida. No importa qué haya hecho, de dónde viene, ni cómo viene, lo que realmente importa es que hay que ir a Jesús por voluntad propia y rendirse a él. El resto es y será siempre una hermosa historia como la de Richard, la historia de lo que alguien puede hacer con su vida y con la de los demás si se anima a creer en Dios y a vivir según sus propósitos.

Un cambio no es cambio cuando:

1. Mis pensamientos siguen siendo los mismos.

2. Las acciones siguen siendo las mismas.

3. Sigo nutriéndome de las mismas fuentes.

4. Sigo con la misma clase de mala compañía.

5. Mi vida está estancada. Algo no está fluyendo.

Claves para un cambio efectivo

1. Debe iniciar en el corazón.

2. Debe ser intencional.

3. Debes hacer tu parte.

4. Debes alimentarte de las fuentes correctas. Si entra basura, saldrá basura.

5. Debes recordar que dos no andan juntos si no están de acuerdo. Escoge bien tus amigos.

Capítulo 2

Mentalidades

Han pasado los años y la expansión del ministerio de Richard a otros países ha sido notoria y significativa. Una vez al año visita Kenia e India, entre otros países, para llevar a cabo programas de ayuda a comunidades pobres y relegadas. Una tarea no solo necesaria sino también humanitaria y visiblemente cristiana, cuyo punto de partida fue un cambio de mentalidad, una forma diferente de entender su razón de vivir. Lo central en este proceso, entre otras cosas, es la suma de decisiones que Richard tomó para dejar de enfocarse en él mismo y enfocarse en los demás. De esa manera ya no eran sus problemas los que buscaba resolver con inmediatez, sino aliviar las cargas de los otros.

En un mundo atravesado por un viento egoísta y acostumbrado a ver al otro como un peligro, una amenaza, una sospecha y un gasto, esa maravillosa manera de percibirse a sí mismo es alentadora, esperanzadora y propia de la experiencia de la transformación cristiana, en la que el otro merece toda mi atención y todos mis esfuerzos. De todos modos, vale decir que aun cuando la experiencia es personal, las decisiones para esta transformación tienen mucho que ver con las personas con las que convives; por eso a Richard le llevó su tiempo, pero valió la pena.

Recuerda que en su quinto grado fue impactado por el gesto ejemplar de doña Ramona, una maestra de su escuela de aquel tiempo, quien le brindó una oportunidad al demostrarle que sí creía en él. La maestra que en dos oportunidades había expulsado a Richard de la escuela lo vio en la puerta del salón de clases y le preguntó a doña Ramona: "¿Cómo te va con ese vago?" haciendo alusión a Richard. Doña Ramona se volteó para ver a quién se refería y, con un rostro de admiración y asombro por la pregunta, ella respondió con seguridad:

"¿Vago? Es el mejor estudiante que he tenido en todos en mis años de maestra". No solo lo que ella hizo no se olvida, sino que ella es una persona inolvidable.

Hay muchas personas que creen que ni ellos ni los demás pueden cambiar. El concepto que aquella dama tenía de Richard era que seguía siendo un vago, pero el tiempo había pasado y ya no lo era o lo había ido superando. Esa mujer se negó a cambiar su mentalidad, pero el muchacho sí lo hizo y los resultados estaban a la vista.

El cambio experimentado en Richard no debía ser solo un emotivo discurso, debía verse en su vida de todos los días, por esa razón no dudó en perdonar a aquella maestra famosa por las expulsiones que le aplicó. Esa experiencia fue un motivo más de aprendizaje.

Cuando Richard cursaba séptimo y octavo grado, todo subió a otro nivel pues se enfocó más en la parte académica. Ello lo logró con la ayuda de dos santas mujeres, doña Irma -una maestra que le había conseguido una beca y que fue como una segunda madre para él- y Doña Nereyda -directora de la escuela-.

Mientras cursaba su noveno año interno en aquel colegio en donde trabajó como agricultor, hubo un semestre clave en su vida en el que comenzó a creer en él y en las posibilidades que tenía de salir adelante. Nada de orgullo o vanidad mal entendida; es de vital importancia reconocer lo que uno tiene, lo que puede o no puede hacer. Conocerse a sí mismo es valorarse con honestidad y a la vez reconocer las limitaciones que le son propias.

Al año siguiente volvió a la escuela de doña Nereyda para seguir con sus estudios de décimo grado. Allí tuvo compañeros que le hicieron un gran aporte y causaron un enorme impacto en su vida: Zelandia y las gemelas, Gladys, Esther, Wilfredo (el flaco), Yesenia, Edgar y muchos más que de una forma u otra lo marcaron para bien. Son sencillamente inolvidables. Ellos no sabían cómo era la vida de Richard en su casa, ni mucho menos el infierno que atravesaba. Por eso la amistad, el cariño y la ayuda de estos enormes amigos fue una gran bendición para él en esos días. La vida de cada persona es también el resultado de una influencia, buena o mala, pero influencia al fin. Es imposible no contagiarse donde todos los que viven o conviven son soñadores. Y Richard fue contagiado de sueños de grandeza.

Haz un alto aquí, hazte preguntas y haz mediciones. ¿Quién y qué te ha influenciado? ¿Qué has incorporado en tu vida como fruto de esa influencia?, ¿es bueno?, ¿es malo? ¿Y qué de lo que tú has influido en otros? ¿Qué pueden decir ellos al respecto? ¿En qué lista está tu

nombre? La verdad es que hay personas a quienes no les importa en lo más mínimo hacerse esta clase de preguntas. Pero a algunas sí, ¡claro que sí nos importa! La vida no puede pasar sin que nadie se dé cuenta de que hemos vivido y que hemos pasado por allí; es simplemente imposible. Esos amigos aportaron sus valiosos granitos de arena a la vida de Richard y eso no se olvidará jamás.

Para el último año de escuela secundaria se trasladó a la capital de su país e ingresó a un colegio cristiano. Allí fue donde conoció personas hermosísimas e inolvidables, especialmente sus maestros, quienes creyeron en él; algo que Richard no tuvo en su ciclo de estudio anterior, en el que le tocó luchar contra el escepticismo de algunos en cuanto a sus posibilidades como alumno y como persona.

Ese año le otorgaron la medalla del mejor estudiante de la escuela. ¡Qué año increíble! Al finalizar, el pastor M. Guerrero -padre de su amiga Gladys y director de la Casa de Literaturas en Nueva York- le dio la oportunidad de emigrar a los Estados Unidos. Richard comprobaba una vez más cómo Dios iba actuando en su favor. La eternidad no será suficiente para darle las gracias por lo que hizo, ya que abrió una puerta impresionante que marcaría para siempre el futuro de Richard. Lo que su propio padre no había hecho en todos sus años y lo que tampoco nunca había hecho ningún familiar, Dios lo estaba haciendo a través de este hombre extraordinario.

Nadie niega que haya que ser agradecidos. Sin embargo ser o no serlo, se demuestra en la práctica. Si eres agradecido, lo que recibes te convertirá en un mejor ser humano y no debes olvidar nunca que la clave está en no centrarte en ti mismo. Si al igual que Richard vives para ser una bendición a los demás, tu propia vida tendrá sentido vivirla; de lo contrario, también lo sabrás.

Mentalidad Limitante

Todo logro está condicionado por la manera de pensar de cada persona. Somos lo que pensamos y estamos diseñados de tal forma que podemos lograr lo que pensamos y es inevitable que sea así. Por lo tanto, no debemos subestimar ese detalle fundamental en el proceso de lanzarnos a cumplir un objetivo.

El ejercicio de pensar en un desafío y siempre descubrir más límites e impedimentos que posibilidades para superarlo, es lo que llamamos una forma de mentalidad limitante. Algunas características de esta mentalidad las incluimos a continuación:

- **No se puede hacer.** Sin haber hecho ningún intento para hacer algo, la persona afirma que no lo puede lograr. El "no" se hace

dueño de su boca y controla su lengua. El problema no solo es que la persona anula en sí misma la posibilidad de alcanzar una meta, sino que al mismo tiempo limita a los demás a lograrlo. Nada es más difícil que trabajar con alguien con una mentalidad limitante.

- **Es imposible.** Esta es la expresión más dramática. Imposible significa que no hay ninguna posibilidad, que no existe o no ha sido creada y por lo tanto no ha sido puesta en práctica jamás. Esta forma de pensar va en contra de algo que no se puede negar y es que no existe un solo camino ni una forma única de lograr algo. A veces lo más fácil y lo más cómodo es decir ¡imposible! y así justificarse para no hacerlo. La mentalidad con forma de imposibilidad, jamás dará una chance a alguna forma de posibilidad.

- **Cuesta demasiado.** Todo tiene un costo y todos lo saben. La mentalidad limitante se especializa en hacer cuentas y dar números exactos de lo que no hay y de lo que no se tiene o no se tendrá. El motor que mueve las decisiones de algunos es una ecuación de horror: tengo poco y cuesta mucho. La conclusión es obvia, nada que cueste mucho estará dentro de los objetivos a alcanzar, por lo tanto, no haré intento alguno por lograrlo.

- **Nadie lo ha hecho jamás.** Aun cuando es verdad que funcionamos por modelos, es decir que por lo general hacemos lo que vemos hacer a otros, jamás se descubrirán nuevas tierras si alguien no se arriesga a buscarlas. El reto es lanzarse a lo nuevo, a lo que nadie ha hecho y solo de ese modo obtendrás lo que nadie obtuvo y alcanzarás lo que nadie ha alcanzado.

- **Nadie lo logró, nunca lo lograrás.** Para muchos este pensamiento opera como una especie de ley. El hecho de que otro no haya logrado algo se constituye en un patrón o regla para medir las posibilidades de los demás. La mentalidad limitante se especializa en argumentar de ese modo, llevando a todos a llenarse de un sentimiento de imposibilidad. Solo los valientes se animan a ir en contra de ese patrón demostrando que no era imposible, sino que solo había que hacerlo.

Mentalidad Habilitante

La Mentalidad habilitante se refiere al ejercicio de pensar en un desafío, buscando y descubriendo formas, caminos, posibilidades o herramientas que permitan superarlo. A diferencia de la mentalidad limitante, esta manera de pensar nos permite encontrar nuevas

acciones frente a los desafíos. Como hemos afirmado, todo logro está condicionado a una manera de pensar. Por ello todos pueden disfrutar de tener una mentalidad habilitante, que permite la opción de incorporar nuevas posibilidades para lograr lo que se proponen. Tener una mentalidad habilitante es una opción que nadie debería olvidar.

A continuación, encuentras cinco claves que serán fundamentales para pensar en modo "sin límites":

- **Lo lograrás con la ayuda de Dios.** La fe en Dios y la experiencia de relación diaria con él permite un resultado poderoso: si él está conmigo puedo enfrentarlo todo, ya que Dios no es un observador sino un ayudador. Descubrir esa verdad y ponerla en práctica sustenta, alienta y ayuda a llegar a la meta.

- **Nunca te rindas.** Rendirse nunca debe estar en la lista de opciones. A lo sumo se debe parar para descansar, reordenar y reorientar, pero se debe volver a la tarea. No rendirse es continuar. No te rindas, un día disfrutarás de tu logro.

- **Perseverar es la clave.** Es fundamental mantenerse firme y constante. No hay secretos ni fórmulas o pociones mágicas, quienes llegan son los que se mantienen firmes en ese cometido. El que abandona no logra, el que sigue celebra.

- **Los obstáculos están para ser superados.** Los obstáculos están y siempre estarán. No existen para ser observados o para sorprenderse ante ellos y menos para escribir las diez razones por las cuales no podrán ser superados; no fuiste diseñado para eso, sino todo lo contrario, encontrarás obstáculos y si te atreves a vencerlos, tu nombre estará registrado en los anales de la historia.

- **La vida es una lucha y vale la pena vivirla.** Todos hubiéramos querido que la vida fuera más fácil, que nada costara tanto y que no hubiera que luchar para lograr las cosas. Pero ni está en nosotros, ni se nos dio el privilegio ni la responsabilidad de diseñar cómo hubiéramos querido que la vida funcionara. Lo cierto es que según pasan los años se sigue confirmando esta verdad: ¡todo es una lucha, pero vale la pena vivirlo!

Cinco cosas que logra la gratitud

1. Neutraliza el orgullo.

2. Te inspira a bendecir a otros.

3. Te prepara para recibir más.

4. Te motiva a dar, no solo se limita a recibir.

5. Destruye el egoísmo.

Capítulo 3

El perdón

Una conocida canción sugiere "Si del cielo te caen limones, tienes que hacer limonada". Aunque pudiera ser creativa la propuesta, lo cierto es que estás para mucho más que para hacer lo que otros dicen que debes hacer o para esperar que alguna vez "caigan limones" sobre tu vida. No debes esperar a que algo suceda en tu favor. ¿Por qué? Porque tú puedes hacer que las cosas sucedan y para eso es muy importante que pongas tu mejor actitud contra las temporadas difíciles de la vida, así como otro dicho popular dice "al mal tiempo buena cara".

No es conveniente esperar a siempre recibir cosas buenas de la vida, ya que en ciertos momentos también llegarán cosas que no son tan buenas. Así es la vida y no es diferente para nadie. Lo bueno y lo malo se turnan y alguna vez habrán de llamar a nuestra puerta, pero todo dependerá de tu actitud para permitir que las circunstancias puedan cambiar. Así debe ser hasta que uno aprenda a liderar su propia vida, a hacerse responsable de sus propias decisiones y aun de sus propios errores. No podemos ni debemos pasarnos gran parte de la vida responsabilizando o culpando a otros por nuestras desgracias.

Richard debió llegar a esa conclusión por esfuerzo propio, dado que lo que más resentimiento le había causado en su vida era el hecho de no tener madre ni padre presentes a lo largo de su camino. Semejante ausencia se hizo sentir. Pero si Richard debía liderar su propio destino, ésta era una lección dura que también debía superar. Y el abrazo que le dio a la fe en Dios tuvo mucho sentido y fue muy eficaz. De forma sorprendente y hasta milagrosa, Dios nunca lo dejó solo; oportunamente enviaba a alguno de sus ángeles con rostros humanos, para darle el empujón y el aliento que necesitaba. Para poder tener el control de su propia vida, debería ir despojándose de algunas cargas de su pasado. De lo contrario, no podría con libertad y creatividad lanzarse a conquistar su propio futuro.

Perdonar

Si algo es indiscutiblemente necesario y urgente poner en práctica en nuestra sociedad es el perdón. Si seguimos practicando la cultura de abrir grietas, consolidar odios y herir de mil formas, sin hacer nada para eliminar sus efectos, el perdón seguirá siendo la gran deuda de todos los seres humanos. Las heridas en la vida de Richard eran tantas que no había un área de su vida que no mostrara el tamaño y la profundidad de ellas, pero en su propia experiencia se dio cuenta de que el camino de la venganza y el desearle todo el mal posible a quien lo hubiese herido, no podía ser el propósito de su vida. En una única vida que no se vivirá dos veces, no puede hacerse del odio la mejor opción. El perdón es la puerta para vivir en otra clase de libertad y oportunidades. El perdonar a los demás fue para Richard una parte vital en su proceso para sanar totalmente y poder moverse hacia el brillante y apasionante futuro que le esperaba.

Como ya sabemos, la forma de vivir de su madre le impactó profundamente, pero prefirió no ser un triste espectador de los actos de su mamá, sino que decidió y logró ser parte del cambio de su vida. Este proceso, aunque fue muy duro, fue liberador para ambos. Cuando Richard tenía dieciocho años su madre salió de la prisión después de intentar matar a sus hermanos en una de sus tantas borracheras. Tiempo después debió regresar a la cárcel, aunque por poco tiempo. Cuando recobró la libertad Richard se animó a hacerle la mejor invitación que podría haberle hecho a su propia mamá: le pidió que lo acompañara a la iglesia. Su madre aceptó. La alegría de Richard se renovó y, aunque sabía que ese era el camino para el cambio total de su madre y tenía la esperanza de que lo aceptara, la experiencia como tal se convirtió en un reto para él. Andar con ella no era recomendable y menos entrar de su mano a una iglesia, pues muchos ya sabían quién era ella.

Richard solamente la invitó la primera noche, pero ella lo acompañó durante las catorce restantes. Él notó que algo maravillosamente extraño estaba sucediendo en la vida de su mamá ya que no usó drogas, ni tampoco tomó una gota de alcohol. Se le vio lúcida en esos días, ni borracha ni drogada. Algo estaba pasando en ella y no era simplemente dominio propio ni pensamiento positivo ni falsa apariencia, por primera vez en su vida le estaba dando lugar a Dios y comprobando el poder de la fe en él. Se sintió inspirada por la vida y el mensaje del hijo que abandonó tantas veces y que ahora había venido por ella.

Puedes pensar lo que quieras y hasta diferir con lo que estás leyendo, pero nadie puede cambiar una vida ni un corazón de forma total y

dramática como Dios lo puede hacer. No obstante, cabe aclarar que Dios nunca forzará a nadie para que lo reciba, a menos que sea por una invitación personal.

La vida de su mamá cambió de manera increíble, pero un año después de vivir estos momentos incomparables con Dios, le dieron el más duro de todos los diagnósticos: era portadora del HIV. Aunque eso pareciera ser injusto e inaceptable, lo duro de esa verdad es que solo era el resultado de las decisiones que había tomado durante veinticinco años de su vida. Se cosecha lo que se siembra. No se puede negar que Dios perdona absolutamente todo, pero las consecuencias de las malas decisiones alcanzan la vida del que mal procede.

Durante diez años de su vida luchó contra esa horrible enfermedad y Richard lo hizo juntamente con ella. Finalmente el 16 de enero del año 2004 su vida se apagó para siempre, pero se fue como una vencedora. En medio de la tristeza de no tener ya a su madre, Richard sentía la alegría de saber que Dios había sido parte del proceso. Ver a su madre abrir su corazón a Dios y comprobar su transformación era un motivo para sonreír y dar gracias.

Una semana antes de que su mamá muriera, Richard viajó para estar junto a ella. Tuvieron una charla simplemente inolvidable en la que ella le contó esas cosas de su vida que nadie sabía, personas a las que ella, en su mundo de oscuridad, había matado por defensa propia o por venganza. También le contó esas cosas que la llevaron a ser quien fue, muchas de ellas están guardadas en el corazón de Richard hasta hoy. Ese día ambos confirmaron un pacto que hicieron años antes y es que Richard contaría su historia en cada lugar al que fuera. Y hasta hoy, eso es lo que ha hecho.

El resto de la apasionante historia de transformación de su mamá, Richard lo cuenta en su primer libro "Hablemos de Salvación". Ha sido y sigue siendo emocionante ver a muchos vivir exactamente la misma experiencia de transformación que ella y ver el cambio de vida que sobreviene como resultado de darle una oportunidad a Jesús. Entregarle a Dios el control de la vida es igual a tomar el liderazgo de la vida propia. Perdonar a su madre y reconciliarse con ella la ayudó a sanar heridas y llenó uno de los espacios vacíos en su vida. Ese día entendió que ella había sido tan solo una víctima y no una victimaria. Aprendió así que no se debe juzgar por los frutos solamente, sino que es importante tomar en cuenta las causas por las cuales las personas hacen lo que hacen.

Definitivamente toda historia tiene más de un rostro y el de su mamá era el de muchos otros seres humanos a quienes la vida les jugó una mala jugada, pero su final fue mucho mejor que su comienzo.

Un mes después de la muerte de su mamá, Richard se dirigió a dar unas conferencias en el estadio Cibao, el principal de su ciudad Santiago de los Caballeros. Fue sorprendente ver cómo cada noche llegaban miles de personas hasta desbordar la capacidad del estadio. Entre todos esos miles también venían personas muy especiales para Richard. Era la última noche de conferencias y sin que él lo supiera, su papá viajó desde la ciudad de Nueva York para asistir. Y lo que sucedió esa noche fue simplemente maravilloso.

Era innegable que su padre deseaba cambiar y anhelaba con desesperación encontrar el camino, la forma o a alguien que lo ayudara a lograrlo. Ese fue el tiempo de su papá. Completamente rendido por la fe en el Señor Jesús, le entregó su corazón y el control de su vida. Luego de su decisión le pidió a Richard, el hijo que había abandonado, que lo bautizara. ¡Emocionante! ¡Cuánta alegría había en el corazón de Richard por el enorme privilegio de bautizar a su propio padre! Nunca le había hecho semejante pedido, pero fue todo un desafío para él honrar el deseo de su padre. ¿Por qué? porque estaba borracho cuando se lo pidió, y ese día habría más de diez mil testigos presenciando su bautismo. A partir de allí se reconstruyó la relación con su padre, que había estado rota y dañada desde siempre.

Otra lección más que aprender: Richard entendió exactamente que Dios no discrimina, que él ama de manera incondicional y que solo desea que la persona le dé, aunque sea, una oportunidad en su vida para conocerlo. Y su papá le estaba dando esa oportunidad. Los siguientes dos años fueron increíbles, su papá abandonó por completo esa vida de pecado y errores y se incorporó al equipo de trabajo de Richard. Comenzó a viajar junto con su hijo, convirtiéndose en el chef del equipo y allí Richard descubrió que su papá no solo era un excelente cocinero sino un gran hombre. ¡Maravilloso, simplemente maravilloso! Esos años fueron útiles para que Richard viera y conociera el mejor lado de su padre y entender por qué su vida fue como fue. Aunque pareciera imposible, el padre se convirtió en ese héroe que Richard nunca tuvo.

A principios de junio del 2006, mientras celebraban unas conferencias en California, su padre no se sintió bien. Un fuerte dolor lo obligó a volver a Nueva York para ver a su médico. Dos semanas más tarde le dio a Richard la noticia que nadie quiere escuchar: tenía cáncer en etapa terminal. Ya nada se podría hacer por él. El 16 de septiembre del año 2006, dos años después de la muerte de su mamá, dejó de existir su papá. No importa cuán horrible fue la vida de una persona, si al final le da a Dios el lugar más importante, no solo cambiará su vida, sino su destino final. Esa es la historia de los padres de Richard. A pesar de todo… ¡lo lograron!

¿Recuerdas al abuelo de Richard? Hablamos acerca de él en capítulos anteriores. Él vivía exactamente en la misma calle del barrio donde Richard había realizado aquellas emocionantes conferencias, que bendijeron tanto su vida como la de muchos otros. Uno de esos días Richard pasó a saludarlo, su abuelo no era de salir, él escuchaba las conferencias desde adentro de su casa. Muchos en el barrio le temían porque no solo sabían que había sido militar, sino también porque conocían su historia de vida. El hombre era de temer, no obstante, le dijo a su nieto algo muy curioso: "no te preocupes yo estaré velando que nadie se robe los equipos".

Al día siguiente Richard volvió a visitarlo y notó que, a diferencia de la noche anterior, su abuelo ahora había sacado su silla para escuchar el mensaje y no dudó en confesar a su sorprendido nieto: "Nunca he escuchado a alguien que hable como usted". La sorpresa de Richard fue tal que no cabía en él mismo y en ese momento supo que decir eso significaba que algo poderoso estaba sucediendo en el corazón del monstruo. Sin embargo, Richard en el fondo no quería que él cambiara su vida, sino que continuara siendo esa clase monstruosa de persona, para que finalmente recibiera su merecido: su castigo en el fuego eterno.

Richard sabía exactamente lo que la conversión producía y la verdad es que no la quería para su abuelo. Había hecho demasiado daño y, de alguna manera, según el criterio de Richard, la justicia divina se lo debía hacer pagar. ¿Es vergonzoso que un predicador deseara eso? ¡Sí, seguramente sí! Cuando el abuelo mostró interés genuino de cambiar, fue que Richard descubrió que aún quedaban cosas por resolver en su vida. La realidad fue fría y cruda, pero debió enfrentarla.

Después de diez años de aquella experiencia, Richard se encontraba totalmente involucrado en la dirección del ministerio del que es fundador y presidente en Texas, cuando recibió una llamada de su amada tía Mary, diciéndole "Tengo una gran noticia para compartirte". ¿Cuál era la gran noticia? La tía Mary había decidido entregar su vida a Jesús y deseaba de todo corazón que Richard la bautizara. La sorpresa no podía ser mejor y lo puso muy feliz ya que había orado mucho por ella; pero eso no era todo, había algo más. "Tengo una mejor noticia que darte", volvió a decirle. ¿Qué otra noticia puede ser mejor que esa?, pensó Richard. La respuesta no se hizo esperar: "Tu abuelo decidió entregarse a Jesús y también quiere que tú lo bautices junto conmigo". Demasiadas novedades para un solo día. La sonrisa y la alegría de saber de la conversión de su tía se mudaron al lugar de su infancia y una sensación de enojo se apoderó de él. El pasado volvió, se hizo presente y según parecía no lo dejaría tranquilo. Otra vez el mismo sentimiento por lo que él ya sabía: si su abuelo se entregaba a Jesús y

era bautizado sus pecados -¡que eran muchos!- serían perdonados y la vida eterna sería su recompensa. Eso era demasiado para Richard.

No obstante, y más allá de los sentimientos que esta noticia le produjo, Richard sabía lo que era correcto. Con una mezcla de enojo y confusión -que no dio conocer a su tía-, aceptó lo que Dios estaba haciendo en su abuelo y también lo que estaba demandando que él hiciera: pagar con bien a quien le había hecho tanto mal. No parecía justo, pero no solo era lo correcto según los códigos de Dios, sino también era lo que se esperaba que él hiciera en su condición de cristiano. Los cristianos perdonan a sus ofensores. Esta fue una lección dura para Richard, pero también aquí salió victorioso.

Richard pagó el boleto de avión de su abuelo hasta Texas, lo hospedó en su casa durante un mes y le sirvió su café todos los días a las cinco de la mañana. Una historia maravillosamente increíble.

Llegó el día del bautismo y cuando ya habían ingresado al agua un pensamiento cruzó velozmente por la mente de Richard: ¿por qué no dejarlo cinco minutos debajo del agua y cobrar su venganza? ¡Por favor!, no subestimes el daño que producen los maltratos, los abusos, las burlas y los castigos sistemáticos, en la vida de una persona. ¡Cuánto debió luchar Richard con todo esto!, pero de nuevo la misma voz interior, la voz de Dios que se hizo oír en su corazón, le dijo: "¿Recuerdas que querías matarlo? Bien, acá está tu sueño hecho realidad, pues este hombre nunca más volverá a ser la misma persona, ha muerto el viejo abuelo pecador e irrecuperable, lo he perdonado y he lavado todas sus culpas y errores". Ese es el maravilloso poder de la conversión. Allí sucedió entonces que por primera vez Richard no solamente perdonó a su abuelo, sino que aprendió a amarlo. ¡Sí!, por primera vez.

El cambio que ocurrió en su vida cuando tenía trece años, poco a poco, se convirtió en su mejor herramienta para ayudar a su familia y para cambiar su historia de horror, por una historia de amor, perdón y redención. El perdón no es convalidar la actitud ni la herida que el otro me ha causado, es liberarme a mí mismo del odio y del sentido de venganza que necesito satisfacer por la ofensa recibida. No podemos pasarnos la vida odiando, porque perdonar es la primera medida terapéutica a mi favor que no debo dudar en practicar. Debemos perdonar.

El papá, la mamá y el abuelo son tres personas clave en la vida de cualquier niño que llega al mundo, pero en la vida de Richard ninguno de los tres había hecho bien las cosas. En medio de esa historia cruda,

dolorosa, injusta, el poder de la fe y la transformación de vida hecha por Jesucristo, primero se dio en Richard y luego en ellos tres. Era como un rompecabezas que, poco a poco, iba tomando forma y se iba completando, colocando cada pieza en su lugar. Una vez más Richard no pudo tirar su toalla, Dios se las ingenió para evitarlo. No hay magia en todo esto, es la fe y la perseverancia que te hacen luchar y te empujan a creer que el propósito de Dios es inmensamente grande y que finalmente se cumplirá en tu vida.

Tres cosas que no son el perdón

Aunque podemos decir mil cosas respecto del perdón, lo cierto es que más allá de lo que realmente es perdonar, el perdón no es:

- **Un borrador mágico.** Recordarás lo sucedido, pero sin dolor. Es casi imposible que ciertos sucesos se mantengan permanentemente en nuestra memoria, pero son guardados de acuerdo con el interés o necesidad y allí permanecerán. La prueba más eficaz de que se ha perdonado a un ofensor es que se recuerda el hecho de dolor del pasado, pero no afecta, limita ni detiene el futuro de la persona. La magia no existe, ni mucho menos cuando de perdonar se trata. Perdonar implica una intencionalidad de desprenderse de las consecuencias que una herida u ofensa produce. Eso es libertad en su mejor expresión.

- **Un eliminador de cicatrices.** Una herida se cierra y la marca queda. La cicatriz deja ver que hubo una herida, pero que ya no está abierta; cada vez que la mires, el sentimiento o emoción no es la misma que cuando estaba abierta. El problema surge cuando no conforme con ver las cicatrices, se vuelven a abrir las heridas. No se puede ni se debe vivir con heridas siempre abiertas.

- **Una habilitación para el daño.** El perdón tiene un límite, marca una línea y no otorga permiso para seguir siendo maltratado o herido. El "te ofendo hoy, te pido perdón mañana y te vuelvo a ofender pasado mañana" no es una conducta sana; por el contrario, es enfermiza o patológica. Es muy posible que no se pueda cambiar la actitud del otro, pero sí puedo y debo cambiar la mía de modo que todos sepan que no estoy, ni seguiré estando, en posición de "golpéame que luego te perdono". Perdonar y ser perdonado es un acto de madurez que debe forzosamente estar seguido por una conducta que muestre claramente que se ha aprendido una lección y en consecuencia se han incorporado cambios.

Para perdonar con efectividad

En nuestro interior está el deseo de hacer las cosas de la mejor manera posible y ser efectivos y luchamos por no cometer errores o reducirlos al máximo. Eso es efectividad y excelencia. En ese contexto, notamos un efecto pendular que nos lleva del perdonar todo inmediatamente a retener el perdón y por nada del mundo concederlo; ambas opciones están disponibles para ponerlas en práctica y, por lo general, la segunda es la que se prefiere más, quizás por eso el mundo está como está, con heridas sin sanar y odios que ya no se pueden ocultar. Así que, inspirados por el proceso de Richard que aunque le costó finalmente perdonó, recordamos que:

1. El perdón comienza con una decisión.

El perdón no es el fruto de un sentimiento, no hay que sentir para perdonar o esperar oír alguna voz del cielo ni que se den las condiciones ideales, perfectas, espirituales e irrepetibles para otorgarlo. Esta es una de esas acciones que deben ser llevadas a cabo por el simple hecho de que hay que hacerlas. El beneficio no se cosecha en el proceso de perdonar, sino inmediatamente después de haberlo hecho. Eso es maravilloso. Es muy posible que no sientas el deseo de perdonar, es común, pero no es lo ideal. El perdón es una decisión que no debe estar basada en sentimientos sino en el razonamiento: "lo tengo que hacer porque debo hacerlo y porque vivir en libertad será mi recompensa". Decídelo y hazlo.

2. Comunícalo. Es importante pronunciarlo o escribirlo.

De nada sirve decir "ya lo perdoné en mi corazón". No olvides que si hay necesidad de perdonar es porque hubo un evento que causó dolor, distanciamiento o rompimiento de una relación entre dos personas. Para la ofensa los dos estaban presentes, para el perdón debe ser de la misma manera. Comunicar la decisión de perdonar a quien hizo daño es ser libre de las consecuencias que produce la herida o la ofensa cometida, y la mejor manera de hacerlo es personalmente; solo en caso de algún impedimento por circunstancias especiales, se le debe llamar o escribir. Es posible que esa persona no crea que lo necesita y hasta no quiera recibir ni aceptar tu pedido, pero no te detengas ante esa posibilidad, pues lo que estás buscando es tu libertad, aunque a veces no puedas hacer mucho con los que quieren seguir viviendo encadenados.

3. Perdona sinceramente.

"Bien, yo te perdono por eso. ¿Estás conforme así? Porque yo no lo estoy tanto, no me olvidaré de lo que me hiciste, pero si te hace bien escuchar que te perdono, ya lo escuchaste…" En esa declaración no hay ninguna clase de perdón, solo es dolor y odio disfrazado de buenos modales. Nada se logra con ese proceder. ¡Nada! Si quieres perdonar hazlo sinceramente y para siempre.

4. Pide perdón por no haber perdonado antes.

Esto sellará el proceso en tu vida. Seguramente lo deberías haber hecho antes, pide perdón por eso, hazlo con sinceridad, con claridad y con objetividad. Recuerda que el perdón es un proceso que culmina con un acto poderoso, en un día, un lugar y a una hora: ¡perdonar!

5. No mantengas abierta la herida.

El perdón marca el final del proceso del dolor, la herida y la injusticia del que fue víctima. Que no te preocupe si la otra persona mantiene abierta la herida consolidando la distancia y el odio. El perdón bendice con una profunda convicción de paz y libertad a aquel que está dispuesto a darlo. Cierra tus heridas por amor a ti mismo. ¡Hazlo ahora!

Beneficios que trae el perdón

1. Sana las heridas.

2. Sana a las personas involucradas.

3. Trae paz a la vida.

4. Restaura relaciones dañadas.

5. Acerca diferencias y produce nuevos acuerdos.

6. Devuelve la capacidad de confiar y dar amor.

7. Quita pesos innecesarios de encima.

8. Cierra la puerta a la opción venenosa de desear venganza contra el otro.

9. Aclara los pensamientos para proyectar un futuro sin estorbos.

10. Acrecienta la autoridad espiritual al ser coherente con lo que se dice y se hace.

11. Permite lanzarse a alcanzar los sueños personales sin la motivación de ser mejor que el que le hizo daño.

12. Enseña lecciones para que, con autoridad de vida, pueda enseñar a otros.

Capítulo 4

El progreso

El progreso y el desarrollo son propios de nuestra naturaleza y estamos diseñados para alcanzarlos. Por esa razón el estancamiento debe ser solo una experiencia temporal, no puede ni debe ser para siempre. El avance o progreso no es pecado y bajo ningún punto de vista desearlo se califica como ambición; precisamente por eso –a menos que se trate de un perezoso profesional– nadie se siente bien si no progresa. Es vitalmente necesario progresar. Y se toman medidas específicas para provocarlo, pues el corazón del ser humano late inquieto para imprimir a la vida alguna clase de progreso. Era de esperar que en la experiencia de vida de Richard la necesidad de progresar, tarde o temprano saliera a la luz.

Ministerio Gracia

En el mes de octubre del 2012, Richard debió tomar una de las decisiones más complejas de su vida. Fue un momento clave, porque literalmente implicaba comenzar nuevamente desde cero. Si cuesta comenzar, cuánto más volver a empezar de nuevo. Ya había vivido la experiencia de fracasar y comenzar otra vez o simplemente a reorientar su vida hacia mayores desafíos. No es que no supiera nada del asunto, pero esta etapa le exigiría enfrentar mayores retos para los cuales debería tomar otra clase de decisiones, lo que fue determinante y a todas luces distinto a todas las experiencias vividas en el pasado. Había trabajado y servido durante diecisiete años en la misma institución y consideró que ya era hora de lanzarse a cumplir el sueño de Dios para su vida. Todos alguna vez debemos pararnos frente a una opción como esa y sí, se requiere valor. No quiere decir que se desprecie el empleo o el depender laboralmente de otro, para nada. Todo fue provisto por Dios de alguna manera, para no solo

tener el sustento diario, sino también para hacerse del bagaje de experiencia y conocimiento necesario, que le ayudaría en su nuevo emprendimiento. Richard estaba por ascender a otros niveles de responsabilidad, compromiso, creatividad, liderazgo e influencia.

Así nació **Ministerio Gracia Internacional,** un proyecto de vida con la misión específica de cambiar al mundo, una vida a la vez. No había nada de idealismo sentimental o pérdida de tiempo detrás de un imposible. Lo que Richard había recibido por gracia -es decir, como regalo o favor de Dios-, debía de la misma manera darlo en forma de servicio, mensaje y presencia efectiva a todos, a los que pudiera, a los que alcanzara y hasta donde sus fuerzas y organización le permitieran. Cada semana se reunían como comunidad con el único propósito de fortalecer la fe, mientras se preparaban integralmente para servir a los más necesitados en su área, nación y más allá de sus fronteras. Ministerio Gracia no es una iglesia, aunque celebran juntos y en gratitud lo que Dios ha hecho en sus vidas. Es el movimiento de una gran familia que ha entendido que existe para servir y bendecir a miles y en todo lugar. Lo que recibiste de Dios como un regalo, no dudes en ofrecerlo a los demás igualmente.

Unos años antes de fundar **Ministerio Gracia**, se habían establecido las bases para Ministerio Gracia Misiones. Se trata de una corporación a través de la cual cada año se llevan a cabo un mínimo de tres viajes a países en gran necesidad, con una inversión de miles de dólares. Así Richard y su equipo tienen la oportunidad de impactar muchísimas vidas cada año. Para realizar esa labor se recluta un equipo selecto y eficiente de personas de diferentes trasfondos socioculturales, apasionadas y comprometidas con la causa. Entre ellos hay médicos, dentistas, enfermeras y personal diverso. Todos unimos fuerzas, recursos, creatividad, pasión y servicio, para bendecir a comunidades tan lejanas como India, Tailandia, Kenia, Argentina, México, Colombia, Turquía, Perú, Costa Rica, República Dominicana, entre otros lugares del mundo adonde han sido llamados por Dios para servir.

En cada viaje no solo se concede la oportunidad de que las personas necesitadas puedan ser vistas por un médico, cosa que en muchas comunidades es casi imposible, sino que se les provee de toda clase de medicamentos y prendas de vestir totalmente gratis. Pero lo más importante es la provisión de fe y esperanza, por medio del testimonio y la experiencia personal de cada uno de los que integran el equipo de trabajo.

Al final de toda esta maravillosa tarea los desafiamos a que con confianza en Dios se preparen para que, así como se hizo con ellos,

puedan hacerlo con otros. Ese es el plan, sencillo pero efectivo, contagiar a todos con el deseo de servir y dejar este mundo en mejor estado del que lo encontramos.

En el año 2019 se fundó **MG Kingdom Corporations,** una organización dedicada a la adquisición de propiedades con perfil o adecuadas para ser usadas como escuelas o iglesias, y también a la construcción de casas y complejos de apartamentos. En toda la organización de **Ministerio Gracia** y sus distintas áreas, todos reconocen algo: estamos asociados con Dios. Trabajar con Dios no es reemplazar a Dios, es simplemente colaborar con una misión que no busca el bien propio sino el bien del otro. ¿Puede haber otra clase de misión más solidaria y altruista que esta? Sumado a lo anterior, **Ministerio Gracia** genera múltiples empleos, a la vez capacita y ayuda al progreso de su comunidad. Buena parte de las ganancias obtenidas son dedicadas a respaldar y financiar todos los servicios establecidos, con la firme decisión de seguir impactando la comunidad y el mundo con un mensaje de fe y esperanza.

Es posible que no se pueda cambiar al mundo en un instante, pero sí es posible cambiar una vida a la vez. Si todos hacemos lo mismo, hay esperanza de lograr un mundo mejor.

Claves para progresar

El progreso tiene sus leyes propias. No es "soplar y hacer botellas". Todo aquel que quiera progresar, deberá tener en cuenta algunas cosas y hacer otras tantas.

1. **No solo se trata de ti.** No eres el sol en tu propio sistema solar. Ten en cuenta a los demás, ellos pueden tener algo que no tienes o saber algo que tú no sabes. Practica el interés por ellos, dales un lugar. No te conviertas en constructor de reinos propios, pues saldrás a la vida a eliminar reinos enemigos y eso no solo es triste, sino que no es saludable ni recomendable.

2. **Atrévete a entrar a terrenos nuevos.** Jamás encontrarás nada nuevo en tu lugar aburrido y conocido de siempre. Lo nuevo es desconocido, por eso debes ir en su búsqueda y conocerlo. No es un asunto de "gracia especial", es un asunto de decisión. Por encima de tus miedos y tu costumbre de calcularlo todo, un día deberás animarte a poner el pie en la tierra que no conoces y los resultados serán sorprendentes.

3. **No esperes a no tener temor.** Lo tendrás. Una de las cosas

que no se confiesa ni se grita a los cuatro vientos y que se convierte en una de las razones habituales por la cual "dejamos para mañana lo que se puede hacer hoy" es el miedo. El temor a lo desconocido y el pensar que siempre sucederá lo peor, ha condenado a miles de soñadores a conformarse con lo poco que tienen o pueden, privándolos de la bendición de progresar. Resuelve hoy el asunto de tus miedos, el beneficio será increíble.

4. **No te rindas.** La determinación de continuar aun cuando otros abandonan será clave y fundamental. Sigue, sigue, sigue y no te rindas cuando quieras abandonar, cuando te quieras rendir no lo hagas. Descansa, piensa, repiensa y vuelve al ruedo una y otra vez. No será fácil, será difícil, complejo y a veces parecerá imposible de lograr, pero el éxito te estará esperando al final del proceso.

5. **Ten la fe suficiente.** No se trata de tener una gran visión. Es necesaria, y todo el mundo dice tenerla. Por todas partes puedes oír a miles de niños decir lo que quieren hacer cuando sean grandes, lo que quieren estudiar, lo que quieren conquistar, pero con el paso de los años tales logros no aparecen y tales visiones o deseos no se hacen realidad. Necesitas dosis de fe, de confianza, de creencia en ti y principalmente en Dios para hacer realidad lo que anhelas.

6. **Crea un plan de vida.** La improvisación no es buena compañera de los logros. Hacer lo que se pueda hacer cada día no solo es una irresponsabilidad, sino que también es una pérdida descomunal de dinero, de tiempo, de fuerza y trabajo. Traza un plan y síguelo. Plantéate una visión, escribe tus objetivos, establece tus metas, determina cuáles serán las actividades que deberás desarrollar para lograr tus metas, oblígate a respetar fechas, tiempos y determina un presupuesto financiero para sostener tu plan. Si no tienes un plan, nadie tiene por qué creer en él.

7. **Cree en tu visión.** Conviértete en el primer y más apasionado "fan" de tu visión. La gente sigue a los que saben a dónde van y que creen en las razones que los mueven. Nadie está obligado a creer en tu visión, pero tú sí tienes esa obligación. Si crees en lo que eres, tienes y ofreces, has dado el primer paso para que entonces te sigan los demás.

8. **No niegues los obstáculos.** No esperes no encontrarte con ellos, ni le pidas a Dios que te los evite. La vida son obstáculos. Lo importante no es rendirse ante ellos, sino la forma en que

podrás superarlos. No abandones tu lucha porque consideraste que un obstáculo era lo suficientemente grande e invencible para enfrentarlo. Es exactamente al revés. Busca, piensa, investiga la manera de superarlo. El progreso es el proceso mediante el cual se superan los obstáculos hasta lograr lo que se tiene decidido lograr.

9. **No creas algunas ofertas.** Una de ellas dice que puedes hacerte rico ¡sin trabajar! No es verdad, a menos que apuestes a la lotería y hasta te hagas adicto al juego para lograr "hacerse rico jugando a tentar la suerte". Nadie se hace rico de la noche a la mañana por un golpe de suerte, ni menos por quedarte sentado a la espera de lo que alguien te haya prometido que milagrosamente ocurrirá.

10. **Trabaja duro.** Quizás esta sea la principal de todas las claves. No es por suerte, es trabajando; no es esperando, es trabajando. Es esfuerzo, lágrimas, sudor, creer contra toda incredulidad, es seguir, es sacrificio, es no abandonar. Es trabajar con pasión, con honestidad, con transparencia, con entusiasmo, en alianza con Dios y con la convicción de que no muy lejos en el tiempo, verás el resultado del trabajo de tus manos y lo podrás disfrutar.

Capítulo 5

Los obstáculos son necesarios

A esta altura de la apasionante historia de vida de Richard, queda demostrado que el dolor, la injusticia, la pobreza, las burlas, el abandono, el abuso y el fracaso en el amor no tienen el poder suficiente para determinar la vida de nadie. Esto no es un simplismo ni un facilísimo para que quede expresado en una hoja. ¡No, en absoluto! Es vida y es experiencia, es prueba, error y acierto, alegría y tristeza, éxitos y fracasos, heridas y alivios. Es la vida y como tal despliega ante nosotros el mapa de una vida por vivir que no esconde nada y nos muestra ampliamente las flores y espinas, gustos y disgustos, salud y enfermedad. Ella nos dice la verdad y no tiene planes de ocultarla. Es la verdad, es lo real, es el "así es" guste o no, moleste o no. Así es la vida, una vida para vivirla siempre hacia adelante, nunca hacia atrás.

Lo que está claro entonces es que dependerá de nosotros determinar buena parte de cómo será o no será nuestra vida. Lo dijimos en capítulos anteriores "no es qué bien me fue" sino "qué bien hice las cosas para que me fuera bien o mal". Rendirse ante esos dolores e injusticias creyendo que por ellos es que no nos va bien en la vida, es concederles un poder que no tienen ni merecen. Quien haya dicho "la fe mueve montañas" tiene razón, como mayor razón tiene Jesucristo al decir "si tuvieres fe como un grano de mostaza, diríais a este monte muévete y se movería". Pero no es la fe como un simple y humano "pensamiento positivo", es la fe real en Dios y no en cosas pasajeras, sin sustento, cambiantes y tantas veces sin sentido. Cuando la fe está centrada en Dios y con la certeza de que ayudará a superar miedos e injusticias, ten la plena seguridad de que así será. La fe debe ser personal e individual como resultado de una decisión de quererla incorporar y practicar. La fe congregacional multitudinaria o de respetuosa tradición familiar no funciona.

La fe en Dios es lo que necesitamos esencialmente para vivir, pero eso no significa que no tengamos fe y confianza en la humanidad. La relación con Dios restaura la confianza entre los seres humanos. No se puede vivir desconfiando de todo el mundo ya que de ese modo sería imposible hacer negocios o acuerdos, caminar y vivir juntos. La desconfianza aleja, separa, sospecha y mantiene distante a quien quiere acercarse con buenas intenciones. Si confías en Dios volverás a confiar en la humanidad y te darás cuenta de que a pesar del rumbo perdido por muchos y de que hay malos que solo quieren hacernos daño, hay miles y miles que literalmente son una bendición de carne y hueso, seres humanos buenos y justos, que se deshacen por salvar y ayudar a los demás y en quienes vale la pena seguir confiando.

El mundo y la vida siguen funcionando y aunque hay cosas que otros te han hecho y que nunca podrás olvidar, mantener vivo ese recuerdo equivale a tener la herida abierta y que el dolor sea permanente y eso no es justo para ti, no está bien que así sea. Retomar la confianza es algo que todos merecemos y deberíamos darnos mutuamente y convertirla en un recurso, una herramienta o una inspiración para ayudar a tantos.

Posiblemente tu historia sea desconocida para muchos, no sabemos de dónde vienes y cómo vienes, solo tú la conoces y sabes lo que te duele. Probablemente sigues llevando el dolor injusto del abuso físico, emocional, sexual o espiritual y sientas que tu dolor te sabe a odio, rencor y deseos de que a quien te hizo daño se le pague con la misma moneda. A pesar de haber sido protagonista y única víctima de la peor de las tragedias, y aunque en ocasiones ese proceso sea simplemente imposible de definir, frente a ti tienes una enorme oportunidad para cambiar tu historia y decirle basta a tu desgracia; oportunidad incluso de ayudar a otros miles que han sufrido o están padeciendo el mismo calvario que tú sufriste.

Con toda seguridad, al igual que a Richard, te invaden preguntas de todo tipo y tamaño que, por supuesto, reclaman respuestas. Tiene sentido, es lógico, es humano, aunque no sabemos si será posible obtenerlas. ¿Cómo entender la maldad del ser humano? ¿Cómo alguien puede disfrutar con el sufrimiento del otro ante sus propios ojos? Pudiéramos seguir incluyendo estas y mil preguntas más, pero todos sabemos que unas sí tendrán respuestas y otras simplemente no. Aprender esta realidad fue muy fuerte para él.

Ante la imposibilidad de tener respuestas a tantos reclamos e interrogantes, Richard hizo su elección y tomó su mejor decisión: no dirigiría contra Dios todos sus reclamos, sino que contaría con él para superar este injusto y doloroso proceso. Ello le permitió que hoy su

historia sea otra. No terminó mal, sino todo lo contrario. Asimismo puedes regalarte la oportunidad de no permitir que toda tu vida se llene de amargura por lo que hiciste o te hicieron en el pasado. Siempre será mejor que concibas tu pasado como una escuela y también -por qué no- como una fuente inagotable de motivación para construir un mejor futuro. Richard experimentó la pobreza, por eso hoy no duda en decir que, según lo vivido, ser pobre y salir adelante aprendiendo a superar todos los obstáculos hace que la vida se valore aún mucho más.

Una infinidad de pequeños detalles conforman nuestras experiencias y precisamente son ellos los que hacen importante la vida; gracias a ellos la vida nunca perderá su brillo y mucho menos cuando se ven los frutos del duro trabajo y la bendición de los milagros que se van presentando en el camino.

Tus vivencias buenas o malas y tus logros grandes o pequeños serán herramientas eficaces y únicas que actuarán en tu favor cuando se presenten los nuevos desafíos de la vida, que con seguridad habrán de llegar y tendrás que enfrentar. ¡Anímate! ¡Vive tu presente con gratitud! Aun cuando el proceso para llegar hasta aquí no lo quisieras repetir jamás, mírate cómo alguien que fue probado y superó la prueba y que las que no aprobaste o superaste no son motivo de tristeza ni decaimiento. La buena noticia es que ¡no te rendiste!, ¡no tiraste la toalla! y pudiste gritar nuevas victorias y celebrar nuevas conquistas.

Para vencer los obstáculos – no olvidar

El peor error que se puede cometer en la carrera por alcanzar los sueños es creer inocentemente que todo es fácil, que habrá rosas sin espinas o partos sin dolor. No sabemos por qué, ni nos interesa saberlo, pero la realidad es que los obstáculos existieron, existen y seguirán existiendo y los hay pequeños, medianos e inmensos. Las grandes y apasionantes historias de éxito tienen por protagonistas a hombres y mujeres que no les fue fácil llegar a donde llegaron, en las que el sol de sus mañanas tuvo largas noches sin luz. El progreso es un proceso en el que se dedica el mayor tiempo y esfuerzo para decidir cómo se vencerán los obstáculos que se presentan en el camino.

No olvides que:

- **Las montañas están ahí para ser escaladas.** Las montañas puedes admirarlas por su majestuosidad, puedes rentar una cabaña para descansar en ella y aun dormir en la montaña, pero eso no te hace un alpinista, ni mucho menos un conquistador de montañas.

Los obstáculos son un estorbo o un problema, pero no son tu objetivo final. Caminar los valles es lo más fácil, todos lo hacen; pero conquistar montañas y vencer obstáculos solo lo hacen aquellos que decididos no duermen tranquilos sino hasta lograrlo. Es muy posible que debas aprender a escalar montañas; es decir, a superar obstáculos.

- **No siempre la corona es de quien llega primero, sino del que procura y sabe llegar.** Aquí hablamos de Perseverancia: sigue cuando quieras abandonar, sigue aun cuando no quieras seguir, insiste y prohíbete a ti mismo dejar o abandonar; aprende determinación y persevera. Activa más que nunca tu creatividad y habilidad para buscar en donde nadie buscó e ir a donde nadie fue. Tu tiempo es valioso, no lo pierdas viendo de qué forma puedes eliminar a tu competencia, sé tú mismo, supérate a ti mismo. No hace falta aparecer en la portada de la gran revista de los afortunados del mundo, pues es suficiente con que tu familia reconozca tu valor; lo demás si viene o no viene, ya no interesa.

- **El éxito no es un destino, solo es un camino para recorrer.** Nunca te detengas a mitad del camino, salvo para descansar; tu enfoque no debe estar en dónde te detengas, sino en el lugar al que debes llegar. Tu objetivo está más allá o detrás de las montañas de tus obstáculos, es allá hacia donde te debes dirigir. Éxito no es comprar un número de lotería y ganar unos millones, eso es solo un juego. Éxito es haber encontrado la respuesta a tus interrogantes de cómo puedes alcanzar lo que te propusiste alguna vez en tu vida. Hay que caminar, a veces correr, a veces reír y otras llorar. Ese caminar te consolida como persona y como una solución para el mundo, y te premia con tu logro.

Para qué existen los obstáculos

1. Para reconocer que sin ellos no crecerías.

2. Para recordar que sin ellos haber llegado a la cima no · tendría el mismo sabor.

3. Para entender que lo que poco cuesta, poco se valora.

4. Para transformarte en un conquistador de altas cumbres y grandes desafíos.

Tres claves para triunfar

1. No te rindas.

2. Nunca te rindas.

3. Jamás te rindas.

¡Que rendirse jamás sea tu opción!

Capítulo 6

La valentía, la determinación

Nadie discute que ser valiente no es nunca haber sentido miedo, pues de ser así no existirían los valientes. Aquella persona de carne y hueso que logró vencer sus propios miedos, superar sus propios límites y vencer sus propias dudas es un valiente, un ser humano como cualquier otro, ni mejor ni peor. El valiente es el que da un paso más, una hora más, un día más y saca fuerzas de donde nadie sabe y de donde ya nadie las obtendría para hacer un intento más. Es el que cree que siempre tendrá una pequeña reserva de fuerza, de fe, de entusiasmo y de amor propio oculto en algún lugar de su alma para volver a empezar, para no caerse, para volver a creer y jamás rendirse.

A diferencia del cobarde que muere mientras huye, el valiente muere de pie en la batalla, porque cree que podrá vencer o por lo menos lo intentará. Un valiente lo es porque tiene dificultades que vencer, impedimentos que superar o conflictos que resolver. No es en la calma, la monotonía o rutina, ni guiando canoas y silbando una música cerca de la playa que surgen los valientes; todo lo contrario, es en las tormentas donde aparecen los que pilotean las naves para llevarlas a puerto seguro y es cuando todo falta que aparecen los que creen que habrá un milagro.

Un valiente es aquel que sabe que si hay lucha saldrá herido, pero no le asusta ni le espanta ver correr su sangre, porque sabe que de esa manera también será regado el campo de la vida para nuevas esperanzas y nuevos visionarios. Son de valientes los nombres y apellidos que identifican calles de nuestras ciudades. La valentía se honra, la cobardía se ignora. No puede ser de otra forma. Son valientes los que luego se convierten en héroes. No existe un cobarde que sea héroe.

La vida pasa y cuando menos te lo imaginas lanza sus mejores dardos para obligarte a hacer algo, con lo que llega a tus manos o toca a la puerta de tu casa y de tu vida. Tendrás miedo, claro que sí, pero no olvides lo dicho hasta aquí. Valiente es aquel que, a pesar del miedo, sigue adelante y por nada del mundo se rendirá. Deberás entender esto, considerarlo con seriedad y hacerlo pronto, pues la vida no se detendrá ni te esperará hasta que digas que estás listo.

Si piensas que las pruebas se acabaron y que de ahora en adelante todo será color de rosas, te equivocas. ¡Oh, nada más lejos de la verdad!, Ante cada prueba tu valor y determinación jugarán su mejor papel, bailarán su mejor baile, cantarán su mejor canción, escribirán su mejor libro, predicarán su mejor sermón y gritarán su mejor grito de pasión y de victoria.

Cada obstáculo que superes te prepara para enfrentar y vencer el siguiente. Si así no fuera, la vida no tendría nada de especial. Es una carrera con múltiples obstáculos y para llegar, no para ganar, hay que superarlos todos.

Corría el año 2015 y delante de Richard apareció un puente muy difícil que también tuvo que cruzar. Hacia el final de ese año, su cuñada Romy perdió la vida. Fue una gran mujer, una gran inspiración para quienes la conocieron y vivieron cerca de ella. En la plenitud de su juventud y siendo esposa y madre, su vida se apagó en forma dramática. El cáncer no tuvo contemplaciones ni misericordia de ninguna clase y la fue desgastando sistemáticamente en una lucha desigual durante casi dos años.

Fue un golpe muy duro, de esos de los que pareciera casi imposible recuperarse. Como si fuera poco, a este suceso se le sumó uno más: su hermano Raúl, quien había sido su mano derecha, entró a pelear su propia batalla a raíz de la muerte de su esposa Romy. Por eso Richard no pudo contar con su apoyo por un buen tiempo; esto demandó que fuera valiente, pues nada más sería efectivo para enfrentarlo

Por el mismo tiempo en que falleció Romy, Richard ya estaba sintiendo que algo no estaba bien con su cuerpo y ahora fue él quien enfermó. Al final de ese mismo año terminó en la sala de emergencias de un hospital cercano a donde vivía. ¿Qué era? Ni él ni nadie sabían. Llevaba varios meses con intensos dolores que no podía controlar ni calmar con las medicaciones regulares, lo que hizo que poco a poco, se fuera ausentando de los eventos familiares más básicos como jugar baloncesto con sus hijos. No podía correr y caminaba con dificultad. Subir escaleras era un suplicio, porque sentía un dolor insoportable. Finalmente, y al cabo de una veintena de exámenes, le dieron el

diagnóstico preciso: Espondilosis aguda, una rara condición que afecta la columna vertebral y para la cual no existe cura, solo se podía tratar y parecía que la condición de Richard era la más complicada. La estrategia médica fue clara y precisa, iniciarían con una serie de inyecciones en la columna vertebral con el fin de calmar en algo el dolor y el próximo paso sería la cirugía; en caso de que su condición no mejorara tendría que someterse a una segunda intervención quirúrgica. Richard es como todos, un simple y frágil ser humano que vio cómo el cáncer se llevó a su cuñada y ahora su columna le producía dolores indecibles. Ante el dolor emocional y físico que enfrentaba debía decidir si se rendía o se mostraba valiente.

Llegó el tiempo de orar más para evaluar opciones y tomar la decisión: no seguiría ningún tratamiento de los que le habían ofrecido, incluida la cirugía que parecía su única opción. Así que durante un tiempo importante dependió solo de una mezcla de medicamentos para calmar algo su inmenso dolor, a sabiendas de que tanta medicación podría estar dañando otros órganos de su cuerpo. Pero, aunque suene extraño, Dios lo impresionó de una forma tan clara a tener una especie de "retiro espiritual" en la tierra de Israel, específicamente en Jerusalén.

Con esfuerzo, con dolor, pero con mucha fe preparó su viaje y voló hacia Israel. En la conexión que hizo en Detroit constató algo que lo hizo entrar en pánico: por error toda su medicación, que calmaba en algo sus intensos dolores, se había quedado en casa. ¿Suspendía el viaje y regresaba o simplemente lo continuaba? Decidió continuar con su viaje. Fueron nueve días absolutamente lejos de todo.

En aquella tierra Richard caminó a cada lugar sagrado del cristianismo y todas y cada una de las experiencias lo renovaron y marcaron para bien. Un propósito mayor se estaba cumpliendo en su vida, que nunca lo dejaría seguir siendo el mismo. Al final del viaje, estando en el río Jordán, Richard entró en razón y notó que no necesitó su medicina durante todo el tiempo de su travesía. Ya no había dolor. ¡Estaba sano! Y nunca más hasta hoy ha vuelto a necesitar esa medicación. Jamás olvides que cada prueba en la vida tiene también como propósito llevarte a nuevas dimensiones, nuevos escenarios, nuevos desafíos, nuevos aprendizajes y nuevas conquistas. No desesperes, algo grande viene en camino.

Ser valiente

Tomamos decisiones todos los días de nuestra vida y una que hace la gran diferencia es ser valiente. En todos los momentos y desafíos

de la vida, la valentía no es opcional, no puede serlo; es un ingrediente fundamental que le agrega buen gusto al vivir y a cientos de situaciones que enfrentamos día a día.

La historia nos ofrece muchos testimonios de hombres y mujeres que se hicieron valientes, que enfrentaron sus desafíos y no temieron lo dura o riesgosa que era la experiencia, porque ser valiente constituye la diferencia entre abandonar o continuar, lograr o fracasar.
Vale la pena agregar tres consejos que ayudan a decidir ser valiente.

- **Convierte el miedo en tu aliado, no en tu verdugo.** Tener miedo es inevitable. Por lo general aparece como reacción a lo desconocido, al "no sé qué irá a suceder", "no sé qué me puede llegar a pasar", "no sé si todo saldrá bien… tengo miedo". Insistimos que es natural tener miedo. Ahora bien, el miedo es un sentimiento natural propio del ser humano y muchas veces funciona como un mecanismo de defensa. El miedo a las alturas que no nos permite pararnos con confianza en el balcón del piso trece de un edificio, nos protege y "nos salva" de caer al vacío. También el miedo es una elaboración mental que sin conocer lo que puede sobrevenir e imaginando lo peor, prepara al individuo para la huida. Lo cierto es que no todo lo malo que se sospecha que va a suceder, sucede; por esa razón lo mejor es que conviertas el sentimiento de miedo en tu aliado, a fin de que trabaje para ti y logres quitarle la entidad de verdugo personal para siempre. Valiente es aquel que no se detiene ante ningún miedo real o inventado.

- **Haciendo lo que es correcto aun en contra de la corriente.** Una de las reacciones típicamente humanas es la de hacer lo correcto, aun cuando todo el mundo no lo esté haciendo. El "contra la corriente" no significa que uno es valiente por promover una inmoralidad contra la corriente de la moralidad sana o cristiana. ¡No!, es todo lo contrario. La persona que decide ser valiente y hacer lo correcto se distingue en una sociedad donde para crecer, trascender y triunfar hay que utilizar métodos que van en contra de la moral y se incursiona en prácticas económicas, financieras, morales o espirituales detestables por sí mismas.

No es verdad que para alcanzar el éxito es necesario hacer lo que todos hacen. Si otras personas hacen lo malo para obtener su éxito quiere decir que la opción de hacer lo bueno estuvo disponible, solo que la desecharon. Cuando decides ser valiente tu decisión incluye ir en contra de los protocolos no cristianos e inmorales tan comunes en la sociedad actual. Tenlo muy en cuenta.

- **Avanzar a pesar de las circunstancias.** Es verdad que la mayoría de las circunstancias escapan a nuestro control, que no podemos elegir qué problema enfrentar, qué enfermedad no tener, qué crisis económica evitar o qué conflicto familiar vivir; pero lo que sí podemos hacer es elegir cómo enfrentar cada una de esas situaciones. Si decidiste ser valiente, no debes ignorar que tu decisión incluye avanzar a pesar de las circunstancias. Al final de la historia, siempre será mejor morir luchando que esperar la muerte durmiendo. La buena noticia es que la seguridad en tus creencias, tu fe en Dios y tu decisión inclaudicable de continuar valientemente, a pesar de todas las dificultades, te harán alcanzar tu sueño y serás de inspiración para miles.

Ser cobarde

Alguien dijo: "quien no sea valiente es posible que sea un cobarde". Cuando se habla de valentía es inevitable hablar de cobardía. Es verdad que no podemos ser neutrales y mucho menos cuando la vida nos demanda una acción o un protagonismo que nadie más lo puede llevar a cabo. Es cierto que la palabra cobarde no suena bien y a nadie le gustaría o se sentiría feliz de que se la adjudicaran, pero es en la práctica que se deja ver el que realmente lo es. Conviene que sepas que la palabra cobarde significa en su más básica definición "cola entre las patas", y hace alusión a lo que un animal hace por miedo o su respuesta ante la sujeción a la autoridad de alguien o algo mayor. De allí la idea popular para identificar a un cobarde así: "salió corriendo con la cola entre las patas".

Richard aprendió que, en el fondo, el sentimiento que mueve a alguien a ser cobarde es el miedo no resuelto en su vida, y para resolverlo se requiere valentía.

A continuación, te presento cinco características típicas de un cobarde.

1. **Tiene miedo a hacer lo correcto.** Sabe lo que es correcto, pero no lo hace por miedo al qué dirán, a lo que le harán o a lo que perderá en el proceso. En consecuencia, hace lo que todos hacen, aunque esté mal. El cobarde se oculta en la multitud porque teme tener que responder individualmente por sus actos.

2. **Abusa de su posición de autoridad.** Teme enfrentar a otro en una conversación cara a cara o de igual a igual. No sabe manejar la controversia, lo cual no le ayuda en la resolución de los conflictos. Huye del diálogo que lo haga pensar, reflexionar y hasta retractarse de algo que no esté bien. Por estas razones todo lo resuelve rápido

y, abusando de la posición de autoridad que tiene, da órdenes sin explicaciones. Asume que le responderán con obediencia, y de no ser así, aplicará sanciones sin miedo.

3. **Se rinde ante los obstáculos.** Esta es la más distintiva de todas las características de un cobarde. Todo marchará bien hasta encontrar el primer obstáculo importante y tan fácil como beber agua cuando tiene sed, se rinde ante el estorbo o huye antes de tan siquiera hacer el mínimo esfuerzo por vencerlo. Su rapidez y facilidad para rendirse lo aleja cada vez más del camino de los valientes.

4. **Quiere vivir del sacrificio de los demás.** Como no produce lo necesario para sí mismo y debe seguir viviendo, es lógico que se convierta en carga para otros. De una manera sorprendente, se suple del esfuerzo de los demás ya sea pidiendo o mostrándose como víctima para generar lástima por su situación. El cobarde se condena a vivir en un mundo indigno y aunque puede vivir de forma diferente, se paraliza. Se requiere valentía para asumir las responsabilidades de la propia vida.

5. **No hace nada con las oportunidades que la vida le brindó.** Su miedo no resuelto como problema de base lo convierte en un "negador serial" de todas las oportunidades que la vida le presenta para progresar. Cumple años, pero no cumple sus sueños. Su cobardía fue construyendo murallas a su alrededor y le prohíbe salir de allí. Si hubiera una academia que premiara y otorgara un galardón a quienes pierden las oportunidades que la vida les da, los cobardes serían los primeros engrosando las filas de los que esperan obtenerlo. Tienes que tomar una decisión y es la de ser valiente.

Cómo decidir efectivamente

1. No temas, toma decisiones.

2. Que nadie te apure para tomar una decisión.

3. Toma tu mejor tiempo para decidir.

4. Nunca decidas con poca información.

5. Busca toda la información posible que esté a tu alcance.

6. Ora, pregunta, analiza, piensa, investiga, pesa, argumenta, pide ayuda, entonces... Decide.

7. No decidas para quedar bien.

8. No decidas confiado o basado en tus emociones.

9. No tomes decisiones basadas solo en la razón.

10. Decide por balance entre emoción y razón.

11. Decide con responsabilidad y compromiso.

Capítulo 7

La vida con propósito y de influencia

La historia de Richard fue como una película en la que las escenas del inicio parecían no tener sentido, pero al final todas se fueron ensamblando, convirtiéndola en una inspiradora historia de vida. No se niega que hubo lamentos, dolores, injusticias, abusos, burlas, ofensas y descréditos hacia él. Todo eso y mucho más sucedió. Por momentos la sensación más fuerte era que esa vida no podía ser real, al punto que la hubiera cambiado con la de otra persona sin dudarlo un segundo. Su historia es real, pasó, no la quiso, no la eligió, pero sucedió.

No obstante, al mirar hacia atrás no se puede evitar que surja una profunda y sagrada gratitud a Dios por cada experiencia, incluidas aquellas que hubiera preferido olvidar. El conjunto de experiencias vividas le ayudó a formar el carácter que hoy tiene. Su nombre sigue siendo Richard, pero no es el mismo del pasado. Hoy tiene una obra por hacer encomendada por Dios y su decisión está tomada: se pondrá viejo haciendo lo que Dios le mandó a hacer.

Las lecciones de la vida fueron duras, pero el aprendizaje fue mucho mejor. El que fue ya no es, lo que hizo ya no lo hace y lo que le hicieron ya no le afecta. Cada lección aprendida dio como resultado que Richard se sintiera seguro bajo la protección de Dios, para no rendirse en el desarrollo de la maravillosa empresa de hablar a otros de Jesús.

Hoy la vida de Richard es una vida con propósito. Ya sabe para qué nació y sabe lo que estará haciendo cuando termine su carrera en esta vida. Su vida es un modelo que motiva a que volvamos a afirmar que necesitas "ir" por tu propósito, preocuparte por saber cuál es la razón, el por qué y para qué vives. No se trata solo de respirar, ni mucho menos de "aceptar lo malo que la vida trae", como si todo se tratara

de sufrir y que el sufrimiento fuera algo que está escrito para tu destino. No puedes andar por la vida sin saber para qué y hacia dónde vas.

Es fácil culpar a los demás por las desgracias o por lo que no resulta bien, pero debe llegar el momento en que "dejemos de esperar" a que las cosas sucedan y comenzar a actuar para que las buenas cosas que deseamos comiencen a suceder. La razón de vivir no llega por correo, no viene en mensaje de texto, ni mucho menos llega a golpear la puerta de nuestras casas. Hay que abrir la puerta desde adentro y salir a encontrarla y para ello es necesario estar dispuesto a entender el propósito de la vida y luchar por cumplirlo. No es tan fácil ni tampoco tan complicado, es asunto de priorizar y hacer lo que sea para lograrlo.

Cuando abordamos la vida desde la creencia de que todo será fácil, estamos cometiendo un grave error. Nada se logra con facilidad. Todo es un proceso y una constante lucha. Cada cosa que queremos conseguir, los objetivos por alcanzar, cada problema por resolver y cada cima por conquistar requiere que libremos una batalla, sea grande o pequeña.

El nacimiento de un niño trae a sus padres una felicidad que no puede definirse, pero cuesta, duele, hace sangrar, gritar y pedir ayuda. La vida es así, pero es maravillosa. Y cuando se la vive sabiendo exactamente la razón del porqué se la vive, el resultado es una inspiración que insta a que te centres en la vida que tienes, en cómo vivirla y disfrutarla, en vez de ocuparte en ver, lamentar o envidiar cómo la viven los demás. Esto no es una revelación misteriosa o complicada de entender, es solamente decisión, intención y acción. Cuando Richard entendió esa realidad, ya no quiso perder más el tiempo con las cosas que le quitan a la vida el verdadero sentido y la felicidad de vivirla haciendo algo bueno por los demás.

Ciertamente tendrás alguna idea o posición con respecto a Dios, pero más allá de eso y respetando lo que opines, es necesario recordarte que Dios te creó y eso es un milagro indescriptiblemente único. En la ecuación de la vida no puede faltar el factor Dios, porque de ser así las cuentas nunca darán como debieran. No temas considerarlo, ni seas rápido en pensar por prejuicio. Piensa, solo piensa que Dios te creo, no lo dejes afuera en tu búsqueda por encontrar la razón por la cual estás vivo. Recuerda, no es cómo comienzas sino cómo terminas.

Mientras continúas leyendo, anímate a hacer un análisis de tu vida teniendo en cuenta todo lo bueno o malo que has vivido hasta aquí y trata al máximo de sacar las lecciones que cada vivencia ha dejado para tu aprendizaje. Ellas serán la escalera que te permitirá subir

y alcanzar el propósito por el cual viniste a la existencia. Ni por un segundo cometas el error de creer lo contrario. La evidencia está en la vida de un niño que no sabía que al nacer estaba trayendo con él una esperanza, que recorrió un camino duro, injusto, doloroso, imposible de revertir, plagado de desprecios, fracasos, odios, violencias, pero también de fe, de determinación, de decisión, de valentía y de sacrificio por creer que la historia podría ser mejor. Hoy Richard viaja por el mundo tratando con esfuerzo y con pasión de contagiar a otros con esta vivencia, con su realidad que dejó de ser teoría para ser una gran verdad.

Hoy su vida es el resultado de un proceso en el que Dios lo llamó y lo transformó, en el que algunos creyeron en él y otros que a su manera lo ayudaron y de su propia convicción de que podía ser mejor. ¿El proceso? ¡Oh sí, muy difícil! ¿Imposible? ¡No, claro que no! No hay historia que termine mal, a menos que quien la construya no se anime con valentía a hacer lo que debe hacer, entre esas cosas no tirar la toalla. Se puede cambiar el mundo, una persona a la vez. Richard cambió ¿y tú?...

La buena influencia

1. Hace mejor a quien la recibe.

2. Hace mejor a quien la ejerce.

3. Inspira a contagiar a otros.

4. Crea una nueva generación a partir de quien la proyecta.

5. Es una evidencia del lugar que tiene Dios en su vida.

Capítulo 8

El poder del amor

Lo maravilloso del ministerio de Richard es que no viaja solo en esta misión. Dios lo bendijo de una manera única y especial el día que conoció a Jessica, quien hoy es su esposa y su más grande bendición junto con todos sus hijos. ¡Qué historia de amor!

Se conocieron durante su primera visita al hermoso continente de África. La sencillez de Jessica y la pasión por vivir una vida para Dios, atrajeron y enamoraron perdidamente a Richard. Siendo amigos sirvieron juntos a Dios durante tres años y medio, hasta que finalmente se atrevió a pedirle que fuera su esposa. Pasaron literalmente de amigos a esposos y han podido servir juntos a Dios por los últimos diez años de sus increíbles vidas.

Han sido los mejores años y ahora disfrutan de una familia grande, preciosa, increíble y milagrosa, que no le deja extrañar a la que Richard no tuvo cuando era pequeño. Sus hijos Richard Javier (RJ), Richard Gabriel (Gabe), Rey Emmanuel, Sophia y Rey Isaac son sus tesoros únicos y parte del equipo de trabajo. Ellos son también una de las grandes razones para seguir adelante.

Siempre que haya amor de por medio es posible construir y contar una historia apasionante. Sin que nos lo propongamos y hasta sin darnos cuenta, somos parte de un libreto que cuenta una historia de amor. Todos tenemos necesidad de una familia y es hasta una demanda biológica. Por eso desde muy temprano en la vida y con la inocencia propia de los niños jugamos a ser papá, mamá y a tener hijos, idealizamos el día de la boda y la formación de nuestras propias familias. El constituir un hogar representa algo mucho más trascendental, especial e importante que tener un empleo o un auto.

Si en lo relacionado con el amor no están el matrimonio y familia, nada estará bien; no importa la mansión en la que vivamos, el dinero que ganamos ni el auto que hayamos comprado, todo pasa a un segundo lugar.

El hecho de que la vida de Richard hubiese transcurrido sin los lazos amorosos y protectores de sus padres, sumado a la carencia absoluta de modelos de hombre, mujer, padre, madre, responsabilidad, compromiso y amor, hizo que cubrir esta área de su vida fuera para él un gran desafío y también una importante necesidad. La vida de Richard es parte de un inspirador libreto de amor por las innumerables vivencias relatadas en este libro, pero aún más porque, a pesar de todo, logró finalmente construir una hermosa familia junto a Jessica.

De tantas cosas que le tocaron sufrir a Richard, hubo una experiencia que le hizo mucho bien y significó una brisa de viento fresco y oxigenante para su vida ¿Cómo comenzó todo? En sus eventos misioneros la música jugaba un papel muy importante, no era simple "relleno" de programa, pues buena parte del mensaje se daba a través de una muy buena ejecución musical e interpretación vocal. Todos los detalles eran considerados y éste con mayor razón. Y sucedió que Richard estaba necesitando una cantante a quien pudiera invitar para uno de los viajes que debía realizar.

En la búsqueda contactó a una persona conocida, quien le dijo que no estaba disponible. Acudió a una segunda persona y tampoco podía. Fue entonces cuando uno de sus hermanos le habló de una chica que había asistido a las conferencias que Richard había organizado en California. Se trataba de una cantante cristiana que incluso contaba con algunas producciones musicales y que cantaba en inglés, hecho que facilitaba aún más las cosas. Lo que restaba era hablar personalmente con ella. Entonces la llamó a su lugar de trabajo, al departamento de recursos humanos de una gran corporación.

Después del protocolo de saludo le habló sobre el proyecto en África y de su necesidad de contar con una cantante que pudiera cantar en inglés. Ella inmediatamente aceptó la invitación y emocionada le dijo "¡sí!", ya que ir a África era uno de los sueños de su vida. Richard le dijo "envíame un demo de alguna canción para así confirmar si eres lo que estoy buscando". El email llegó, pero el demo no funcionó y nunca supieron la razón, pero como ya no había tiempo y no podía dilatar más el asunto buscando otras opciones, le confirmó la invitación para que Jessica fuera la cantante en el proyecto de África.

Se reunieron por primera vez iniciando el viaje a África en el aeropuerto de Chicago, en donde hicieron su conexión en Londres y desde

donde finalmente volaron hasta Kenia. El vuelo de Chicago se retrasó y perdieron el vuelo a Kenia, por lo que finalmente tuvieron que viajar vía África del Sur. Estuvieron en el aeropuerto esperando por doce horas y fue una excelente oportunidad para conocerse mejor. Allí comenzó otra historia.

Conoció mucho más acerca de la carrera y vida personal de Jessica. Fue algo así como una dulce investigación. Ella no estaba pasando por un buen momento en su vida, ya que debió romper un compromiso de matrimonio, así que más que ser simples compañeros de trabajo o ministerio, Richard fue como su consejero. A este viaje también se sumó Selene, una gran amiga y enfermera quien ayudó a darle forma a todas las futuras misiones que debían cumplir. Los tres fueron realmente impactados y marcados por ese viaje, ya que les permitió tener un mejor enfoque y cumplir con todas las exigencias del resto de sus viajes.

Al finalizar el viaje a África, Richard invitó a Jessica a unirse a su equipo de trabajo a tiempo completo. Ella aceptó y dos meses después renunció a su empleo y durante los siguientes dos años estuvo trabajando con él.

Entre cantos y predicaciones Richard no pudo evitar mirarla de otra forma, le parecía súper linda "por dentro y por fuera". Sin embargo se abstenía de darle a conocer sus sentimientos, porque pensaba que tal vez ella no estaba lista aún para comenzar alguna relación, debido al dolor producido por su ruptura del compromiso matrimonial. Pensó que primero debería sanar esa herida y luego todo se acomodaría mejor.

Un tiempo después, Richard se enteró de que Jessica había aceptado la invitación a otro trabajo que la obligaba a viajar constantemente. Eso la puso en dirección diferente a la de Richard.

Richard seguía esperando que llegara a su vida la persona que sería su esposa. En los intentos humanos por conseguirlo no le había ido bien, y ahora, aunque guardaba en secreto su gusto por Jessica, pensó que él también tendría que estar listo.

Era obvio que esta vez no debía decidir solo, Dios tenía que ser parte de la más importante decisión su vida pues se trataba nada más ni nada menos de con quien compartiría el resto de su vida. Llegó el momento en el que entendió que no debía dilatar más las cosas, su corazón latía por Jessica y tenía la convicción de que ella era todo lo que debía ser una compañera para el resto de la vida. Sintió que

no debía seguir buscando porque ya la había encontrado. Ahora, las preguntas eran: ¿Que diría ella? ¿Sentiría lo mismo que él? ¿Sentiría que le faltó al respeto? ¿Y si dice que no? ¡Oh, las preguntas! Sí, las preguntas del amor que se dibujan en los labios de los enamorados.

¡Decisión tomada! ¿Pero cómo hacer si él estaba en Houston y ella en Milwaukee? ¡Skype! Sí, esa sería la forma de hacérselo saber. Richard ya estaba decidido a lanzarse contra todo riesgo y resolver esto que palpitaba sobremanera en su corazón. Buscó el día y la hora precisa, y con unos nervios como para agitar a media humanidad, se dispuso a hacer la llamada sin pensarlo mucho, pero sí obedeciendo a la fuerza de su amor por ella y la seguridad de que Dios se la había dado como su mejor regalo. Torpeza, nervios, vergüenza, tartamudez, rostros sonrojados, el idioma gestual del amor. Ella contestó ansiosa del otro lado del milagroso Skype, quizás pensando que le haría saber acerca de algún nuevo proyecto, pero jamás para lo que en los próximos minutos escuchó: "Hace mucho tiempo que debería habértelo dicho, pero te llamo porque quiero pedirte con todo mi corazón que seas mi esposa". Hubo un silencio que supo a eternidad y como toda respuesta de Jessica, ¡rompió a llorar frente a la cámara! y dijo que sí. ¡El poder del amor! Al día siguiente ella tomó un vuelo a Houston y se casaron frente a un juez.

La boda de ellos fue un secreto bien guardado por los siguientes diecinueve meses, solo sus hijos y unos pocos amigos lo sabían. Luego de ese tiempo compartieron la noticia con todo el mundo. Ellos tuvieron tres bodas: la primera frente al juez, la segunda en una bellísima playa de República Dominicana y finalmente la tercera con todos sus amigos y familiares. Juntos han viajado por más países de los que un día soñaron, pero el mejor viaje de todos es el que están haciendo ahora juntos y en familia, el viaje de la vida.

Esta historia puede no ser solo la historia de Richard, es posible que sea también la tuya y tal vez aún no se han escrito los mejores capítulos. ¡Confía en Dios!, ¡lo lograrás!

ESAS COSAS QUE APRENDIMOS

1. No solo existe una opción para ser feliz, pero sí necesitas a alguien que comparta tu visión de la vida.

- Hay quienes que al terminar un noviazgo o matrimonio llegan a pensar que la vida se les ha acabado y se niegan a creer que puede haber una segunda oportunidad para ellos. Así caminan muchos por el mundo, víctimas autoconvencidas de que no habrá

una nueva oportunidad de ser felices. Nada más lejos de la verdad.

- Podría ser ideal que te cases con el amor de tu adolescencia, pero las circunstancias de la vida cambian y a veces no son las que pediste, esperaste o pensaste. Sin ser simplistas, piensa en que si te quedas sin trabajo sales en busca de uno nuevo, ¿no es verdad? Salvando las diferencias, el mensaje es sencillo de entender: buscarás lo que te falta o no tienes. De igual manera, no te rindas, sigue buscando o haz la llamada y te llevarás muy gratas sorpresas. Tu plan A no siempre es el plan A de Dios para tu vida.

- Ten mucho cuidado de no perder el aprecio que siempre debes tener por ti mismo. No estás en oferta, no eres un regalo para el primero que pase cerca. Tienes dignidad, estima y valor. Pero también tienes la sagrada necesidad de que alguien muy especial y único decida hacer el viaje de la vida junto contigo.

2. Es importante esperar el tiempo correcto. Los viajes apresurados no son buenos.

- A menudo, a poco de salir de una relación que por diferentes razones no funcionó, se comete el error de entrar en otra inmediatamente. Y el resultado muchas veces es aún peor.

- Una cuota de desesperación y venganza trabaja como combustible y eso muchas veces es peligroso. La desesperación por no estar, ni continuar, ni quedarse en soledad y la venganza para hacerle sentir a quien ya no está el dolor que tú sientes y hacerle ver "lo mucho que se perdió" al irse. Nunca esa combinación de sentimientos es buena ni aconsejable.

- Tómate tu tiempo, reconoce y procesa tu nueva situación. Elabora tus duelos, enfrenta tus sentimientos por duros que sean, sana tus heridas y jamás olvides que un clavo nunca podrá sacar otro clavo.

3. La felicidad no está incluida en el contrato matrimonial, se lucha por ella.

- Uno de los grandes errores que muchos cometemos al entrar al matrimonio es asumir que la felicidad vendrá automáticamente.

- La felicidad es el resultado de dos personas que no luchan entre ellos, sino que luchan juntos por ser felices.

- El matrimonio es la maravillosa fusión entre dos personas totalmente distintas, que no olvidan que lo fundamental será hacer todo lo posible para que exista entre ellos la mejor comunicación.

- Se puede ser feliz en el matrimonio. Y con el poder del amor que ambos se tienen, deben hacer de la comunicación una herramienta de uso diario.

- No solamente es comunicarse, sino tener buena comunicación.

4. El matrimonio es un lugar donde solo caben dos y sus frutos.

- Debe mantenerse distancia con todos aquellos que no son parte del matrimonio. Una pareja está conformada solo por dos personas. Familiares, suegros y extraños no son parte del matrimonio, por lo que la inclusión de cualquiera de ellos puede significar un problema, un conflicto y una preocupante amenaza.

- La relación matrimonial es sagrada y la fidelidad es exclusiva del uno hacia el otro.

- No caben tres donde Dios solo puso a dos.

5. Sin Dios es imposible que triunfes en la empresa del matrimonio.

- El matrimonio es una institución establecida por Dios mismo, lo que significa que quien lo diseñó sabe perfectamente cómo funciona y cómo puedes ser feliz.

- Ese diseño solo admite a dos: hombre y mujer.

- Todo matrimonio que permite la entrada a Dios y está cimentado en él, tiene la garantía de durar toda la vida y nunca dejará de ser saludable.

- El problema llega cuando uno de los dos o los dos se apartan de Dios.

- Dios es el creador del matrimonio y en consecuencia es el sostén de este.

BENEFICIOS DEL AMOR

Si hay una virtud que jamás podremos definir en una sola palabra, esa es el amor. El amor contempla toda clase de puntos de vista y de formas para ser practicado. Quizás una manera aproximada de entenderlo es el principio de darse por el bien del otro sin pedir nada a cambio.

El amor no busca su propio bienestar sino el de los demás. Es incomprensible y sorprendente que haya todavía en el mundo tantos seres humanos que pretenden hacer creer que se puede amar y a la vez hacer daño a aquel que dicen amar. Amar es hacer el bien en toda la extensión de la palabra. La dirección del amor es constantemente hacia el bien, nunca hacia el mal; por ello, uno de los lugares donde puede manifestarse en toda su plenitud es en el matrimonio.

Nos hará bien recordar aquí por lo menos cuatro beneficios del amor.

- El amor cura.

- El amor es la mejor medicina para el alma. Infortunadamente algunos no entienden que aunque no hayan sido amados vale la pena amar; algo tiene el amor que por encima del daño y el dolor infringido por el otro, siempre vuelve a dar una nueva oportunidad. Cuando hay una herida, el amor no buscará formas de abrirla aún más, si hay sangrado no mirará qué tan grande e interminable es la hemorragia. El amor tiene la cualidad de la inmediatez para proceder a curar la herida, detener la hemorragia y calmar el dolor, ya que se especializa en vendajes y jamás deja que se agoten las vendas para sanar.

- El amor inspira.

- Tener alguien que te ame y crea en ti es la mayor motivación que un ser humano puede pedir y tener. A todos nos duele cuando no creen en nosotros, y cuando nadie se interesa por nuestros logros el dolor se hace sustancial. Vivir como si no existiéramos para alguien es el peor de todos los desprecios. El amor es maravilloso porque promueve el interés del uno por el otro, admira la persona y reconoce sus esfuerzos, y no siente envidia, pues no sabe cómo

hacerlo. Tener a tu lado a alguien que cuente tus hazañas y sus ojos se llenen de emoción cuando habla de tus esfuerzos y de la importancia de que estés vivo, es quizás el principal motor para sacar adelante una relación.

- El amor perdona.

- El amor es amor porque necesita perdonar, no sabe odiar, no entiende de venganza, ni mucho menos busca retribuir al que hizo el daño con cantidades enormes de odio; no ajusta cuentas basado en la ira y en la decisión implacable de no pasar por alto aquello que estuvo mal. Cuando amas, estás dispuesto a dar segundas oportunidades porque el amor es perdón y el perdón es liberar al ofendido de los más agrios sentimientos de dolor y venganza, para luego liberar al ofensor por su ofensa. Todos necesitan amar porque todos necesitan perdonar. Todo matrimonio necesita practicar el amor y el perdón.

- El amor cree.

- Prueba tan solo con decirle a tu cónyuge "no, no te creo". Descubrirás que algo se desestabilizará. Creer en el otro es tanto un gesto de confianza como una necesidad biológica y psicológica. Nadie puede vivir feliz y en paz sabiendo que no tiene la confianza del otro, sobre todo a nivel de la relación matrimonial. Tener fe, creer en las palabras, el testimonio y la obra del otro se convierte en la clave para sostener un matrimonio y cualquier relación. La confianza lo es todo.

Claves de inspiración

1. Existe un solo ingrediente secreto: amar incondicionalmente.

2. No hay necesidad de recibir una recompensa por lo que uno hace por el otro.

3. El único propósito que se debe buscar al amar al otro es hacer de su vida un pedazo de cielo en la tierra.

4. El matrimonio debe ser un lugar donde Dios gobierne para que no sea solamente un adorno.

5. Si ambos comparten las metas y se esfuerzan por alcanzarlas, el amor será para toda la vida.

Te hará bien no olvidar que...

1. Más que un simple cambio, lo que se necesita es una transformación total. Una "mudanza total" de lo viejo a lo nuevo es una transformación interior, no es cosmética. La forma de pensar, decidir, actuar y pararse frente a la vida, no son las mismas que en el pasado.

2. Hay poder en la fe en Dios y en el propósito que Dios determina para cada uno que se anima a creer en él y entregarle su vida.

3. Es de vital importancia reconocer lo que uno tiene y lo que puede o no puede hacer. Conocerse a sí mismo es valorarse con honestidad y reconocer las limitaciones que le son propias.

4. Nadie niega que hay que ser agradecidos. Ser o no serlo se demuestra en la práctica. Si eres agradecido, lo que recibes te convertirá en un mejor ser humano.

5. Si seguimos practicando la cultura de abrir grietas, consolidar odios y herir de mil formas sin hacer nada para calmar sus efectos, el perdón seguirá siendo la gran deuda de todos los seres humanos.

6. Tú puedes hacer que las cosas sucedan, pero es muy importante que pongas tu mejor actitud durante las temporadas difíciles de la vida.

7. El perdón no es pasar por alto la herida que el otro ha causado ni justificar su actitud, es liberarse del odio y de aquella necesidad de venganza que se siente por la ofensa recibida.

8. Lo que recibiste de Dios como un regalo, no dudes en ofrecerlo a los demás de la misma manera.

9. Es posible que no se pueda cambiar el mundo en un instante, pero sí es posible cambiar una vida a la vez. Si todos lo hacemos, hay esperanza de un mundo mejor.

10. La relación con Dios restaura la confianza entre los seres humanos. No se puede vivir desconfiando de todo el mundo.

11. Hay cosas que otros han hecho que quizás nunca podrás olvidar, pero no olvidar no significa que la herida y el dolor sean permanentes. No es justo para ti, no está bien que así sea.

12. A esta altura de la vida nadie discute que valiente no es alguien que nunca tuvo miedo. De ser así, no existirían los valientes.

13. Cada obstáculo que superes te prepara para enfrentar y superar el siguiente. Si así no fuera, la vida no tendría nada de especial.

14. Recuerda: no es cómo comienzas, sino cómo terminas.

15. No hay historia que termine mal, a menos que quien la construye no se anime con valentía a hacer lo que debe hacer, entre esas cosas, seguir adelante **A PESAR DE TODO.**

EPÍLOGO
Finalmente...

Una de las cosas más difíciles en la vida de una persona que ha cometido muchos errores no es reconocerlos, sino contarlos. Es mucho más fácil contar historias de vida llenas de hazañas y victorias dejando ver los pequeños o grandes logros alcanzados en el camino. Abrir el mundo de la privacidad personal y permitir que se vea la cara opuesta de los grandes logros -lo que nadie quiere mostrar ni contar-, eso es una experiencia diferente. Muchos se niegan a contar su verdadera historia por miedo al rechazo, a la vergüenza, a la burla, al qué dirán y al desprecio que puede surgir en el corazón de quienes se enteran de que, al final de cuentas, no eras ni tan bueno, ni tan perfecto como creían.

El juicio social público es lapidario y no siempre que comunica su condena, le da chance al acusado de recuperarse. Pero por encima de esa realidad, la verdad y lo interesante es que todos los seres humanos tenemos una parte en nuestras vidas que desearíamos borrar si pudiéramos hacerlo. Si existiera la posibilidad de volver en el tiempo para rehacer lo hecho y hacerlo bien, pagaríamos lo que no tenemos para que así fuera. Pero ya no es posible, es historia.

Esperamos que no olvides que la historia de Richard es la historia de un mortal, de una persona, de un hombre de carne, piel, hueso y sangre, que bien podría ser tu historia o la de cualquier otra persona en el mundo. Es tan solo un simple recuento de situaciones que, aunque fueron negativas, no impidieron que las circunstancias positivas llegaran a cumplir su propósito. Para que este cumplimiento sea efectivo no debemos olvidar que jamás sucederá por accidente ni por la intervención de otro ser humano. ¡No! Debemos ser intencionales en la gran empresa de querer cambiar las circunstancias. De lo contrario, no habrá buenos resultados y continuaremos siendo víctimas de ellas.

Richard aprendió una lección muy temprano en la vida y bien puede ser resumida en esta verdad: "Nunca ganarás la lotería si no te atreves a comprar el boleto". Siempre encontrarás ese tipo de personas que sueñan con ganar la lotería para cambiar la suerte de sus vidas, pero nunca lo compran, esperan que alguien más lo haga, que el boleto se le extravíe a otro o que, por obra y gracia de algún milagro de la vida, le llegue a la cama donde pasan la mayor parte de su tiempo acostados y vegetando su destino. Este no fue el caso de Richard, quien por cierto no juega a la lotería, porque entendió que las mayores posibilidades de triunfar están a favor de quienes hacen su parte en el proceso.

El éxito en cumplir tu propósito de vida no llega dentro de una caja de galletas, se consigue con visión, con espíritu de lucha y con mucho sacrificio. No es posible llegar a la meta si no estás dispuesto a dar lo mejor de ti y eso es lo que precisamente Dios bendice: tu entrega, tu sacrificio y tu determinación. Nuestra fe no adormece ni anestesia, todo lo contrario, nos desafía a ser valientes y a dar lo mejor siempre.

Todo sueño que tengas para tu vida demandará que estés dispuesto a poner en la balanza una porción de ti que pese tanto como tu sueño. En otras palabras, tu sueño te costará y es precisamente lo que hará que lo valores una vez lo alcances. Las cosas que logres siempre estarán conectadas a lo que debiste "pagar" para alcanzarlas. Los países que hoy son soberanos e independientes tuvieron que pagar un precio para lograrlo; los derechos humanos que hoy gozamos no fueron un simple regalo, se pagó un alto precio para lograrlos. La libertad religiosa que disfrutamos en la mayoría de los países del mundo es gracias al precio que otros pagaron para tener ese maravilloso beneficio.

No olvides que la vida es una lucha. ¡Jamás lo olvides! Y así será siempre. Recuerda que tus obras te seguirán, las buenas y las malas, es algo que no podrás evitar, pues ellas nos continúan y hablan con contundencia. Sabiendo y no olvidando el principio básico y poderoso de que nuestra historia tiene el poder de comunicar, tendrás una idea lo suficientemente adecuada de la manera en que invertirás tus días y hacia dónde dirigirás tus esfuerzos de hoy en adelante.

Si al terminar de leer este libro pudiste comprender que no importan las circunstancias de tu nacimiento ni las consecuencias en las que tus malas decisiones te metieron, la aparición de esta obra se verá justificada.

Si tu viaje por estas páginas logró convencerte de que siempre en la vida, lo importante es no rendirte y seguir luchando aferrado a la fe y con la ayuda de Dios provocar que la circunstancias cambien -especialmente cuando ellas erigen obstáculos importantes delante de nosotros-, entonces se habrá cumplido el propósito para el cual fueron escritas. Ése ha sido todo el mensaje. Todo fue difícil para un ser humano llamado Richard y seguramente lo esté siendo también para ti. Sin embargo él se sobrepuso y alcanzó sus sueños más nobles. Si este simple mensaje lo hiciste tuyo, entonces se habrá cumplido el propósito de Dios con cada palabra e historia que hemos compartido contigo y podríamos decir sin temor a equivocarnos que esta es la razón por la que se escribió...

A PESAR DE TODO

una historia que tenía que contar

CPSIA information can be obtained
at www.ICGtesting.com
Printed in the USA
LVHW111655250920
667084LV00003B/167